.

日本語ネイティブが
苦手な英語の
音とリズムの聞き方が
いちばんよくわかる

リスニングの教科書

大東文化大学外国語学部教授

靜 哲人 著
Tetsuhito Shizuka

はじめに

　今は日本にいても手軽に豊富な英語の音声に触れることができる時代です。動画配信サービスで海外のニュース、ドラマや映画を楽しんでいる人は多いことでしょう。各界の著名人が英語で行う魅力的なプレゼンテーションを集めたサイトもあります。

　そんなとき、英語をもっとよく聞き取れるようになりたいと思っている人は多いでしょう。ドラマや映画の中で俳優がしゃべっている英語を字幕に頼ることなく聞き取れるようになりたいですよね？　そのような方のために編集したのが本書です。

　リスニングと発音はコインの両面と言えます。すでに刊行されている姉妹書『日本語ネイティブが苦手な英語の音とリズムの作り方がいちばんよくわかる発音の教科書』の内容を、リスニングの方向から眺めて構成し直し、英語を聞き取れるようになるための豊富なエクササイズを盛り込みました。

　本書のエクササイズは大きく、(1) 単語と単語のリンキングに慣れる、(2) 文字と音声のイメージギャップに慣れる、(3) 日本語にない音の区別に慣れる、(4) 英語のリズムを意識して趣旨とディテールを聞き取る、の4つに分かれます。とくにリンキングには力を入れ、あらゆるパターンに触れられるよう工夫してあります。

　本書の目標は、みなさんが知っている単語から構成された文であればすべて聞き取れるようになることです。知らない単語が理解できないのは仕方ありません。しかし、知っている単語が聞き取れないのでは困ります。それは「こう聞こえるはずだ」というイメージの方が誤っていて、実際の音に対応できていない場合がほとんどです。本書で思い込みイメージを直していきましょう。

　筆者は英国レディング大学で応用言語学分野の博士号を取得し、英語音声指導の方法論を専門とする現職の大学教授です。筆者の授業を通じて発音とリスニングを関連づけることを学んだ学生たちは異口同音に「以前よりずっとよく英語が聞こえるようになる」という感想を持ってくれます。ぜひみなさんも本書を利用して英語の本物の音声イメージをつかみ、英語のリスニング力を向上させてください。

著者

Contents

序章

リスニングについて
知っておきたい3つのポイント ……… 1

第1章

子音＋母音のリンキングを切り分ける ……… 11

第 2 章 》

子音＋子音のリンキングを切り分ける …… 63

第 3 章 》

日本語にない音の違いを聞き分ける …… 107

第4章 ≫≫

見た目とのギャップに慣れる ⋯⋯⋯⋯⋯ 173

第5章 ≫≫

英語リズムを味方につける ⋯⋯⋯⋯⋯⋯ 219

第6章
総仕上げトレーニング

Column

本書の構成と利用法

　本書は、日本語ネイティブの英語学習者が特に苦手とするリスニングについて、その根本的な原因を解説し、その弱点を克服するための豊富なトレーニングを用意しています。学習の流れは以下のとおりです。

序章　リスニングについて知っておきたい3つのポイント

　英語のリスニングで重要な文の「切り分け」と「リンキング」について説明し、上達するためのポイントを3つ挙げています。ここで第1章以降に行うトレーニングへの心構えをしてください。

第1章　子音＋母音のリンキングを切り分ける（Lessons 01〜22）

　音声のリンキングのうち、この章では日本語ネイティブが苦手とする「さまざまな子音と母音のリンキング」のトレーニングを行います。英文を読み上げる音声を聞きながら、聞き取った語句で空欄を埋めていきます。解答は次のページに掲載されているので、聞き取れなかった語句はすぐに確認できます。

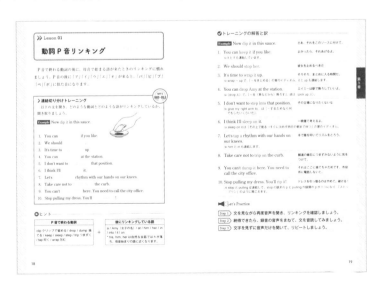

さらに、次のステップで発音練習を行います。

Step 1 ：音声を再び聞いて、リンキングを確認します。

Step 2 ：次に、音声を聞きながら、例文を音読します。

Step 3 ：最後に、例文を見ずに音声を聞きながら、リピートします。

第2章　子音＋子音のリンキングを切り分ける．（Lessons 23〜40）

---

　p、b、t、d、k、g などの閉鎖音を中心に、「子音で終わる語と子音で始まる語のリンキング」のトレーニングを行います。例文の音声を流しながら、聞き取った語句で空欄を埋めていきます。解答の確認と練習のステップは第１章と同様です。

第3章　日本語にない音の違いを聞き分ける（Lessons 41〜45）

　日本語ネイティブにとって英語リスニングの最大の障害となる「日本語にない音の違い」を聞き分けるトレーニングを行います。L と R、B と V、S と TH、2種類の「ア」、さらに2種類の「アー」について、文字、単語、文のレベルで徹底的にトレーニングします。この章をマスターすれば、スピーキングにも効果が表れることでしょう。

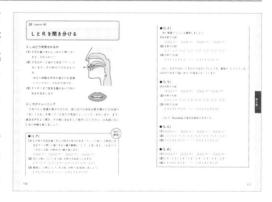

第4章　見た目とのギャップに慣れる（Lessons 46〜63）

　文字の見た目と実際の発音にギャップがある語に注目し、その聞き取りのトレーニングを行います。解答の確認と練習のステップは第１章・第２章と同様です。

第5章　英語リズムを味方につける（Lessons 64〜74）

　日本語とは異なる英語のリズムを身につけるトレーニングを行います。解答の確認と練習のステップは第1章・第2章・第4章と同様です。

第6章　総仕上げトレーニング

　この章では、ここまで学習してきたことを、実際に出合うさまざまな場面で応用できるようにするためのトレーニングを行います。日常生活でよくある15の場面でのダイアログを用意してあります。

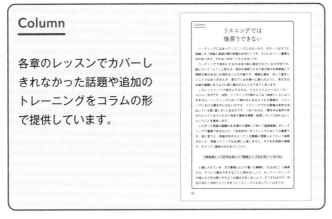

Column

各章のレッスンでカバーしきれなかった話題や追加のトレーニングをコラムの形で提供しています。

本書中で使われている「発音を作り出す器官」の名称とその位置は以下のとおりです。

発音を作り出す器官

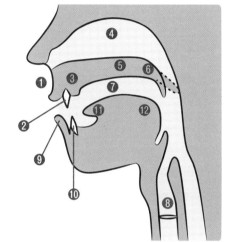

❶上唇　　❷上前歯

❸歯ぐき　❹鼻腔

❺硬口蓋（こうこうがい）

❻軟口蓋（なんこうがい）

❼口腔　　❽声帯

❾下唇　　❿下歯

⓫舌先　　⓬後舌

(1)「ば、ば、ば」と言うとき、①と⑨が接触します。

(2)「た、た、た」と言うとき、⑪が③に接触します。

(3)「か、か、か」と言うとき、⑫が⑥に接触します。

トレーニング用音声データについて

　本書に掲載しているリスニングのトレーニング用の音声は、MP3形式のファイルを以下のウェブサイトからダウンロードすることができます（複数の音声ファイルをまとめたアーカイブになっています）。

https://tofl.jp/books/2595

　音声は  と　　の2種類のフォルダに保存されており、「Listening」のフォルダには本書のすべての音声、「Repeating」のフォルダには「英文→ポーズ→英文」の音声が収められています。英文を聞いた後にリピートし、もう一度英文を聞いて確認してください。

　ダウンロードした音声をスマートフォンやMP3プレーヤーで再生する場合は、パソコンから各機器に音声ファイルを転送してご利用ください（詳しくはパソコン・各機器の取扱説明書をご確認ください）。音声のトラック（ファイル名）は、本書中に $\binom{MP3}{000}$ のマークで示されたトラック番号に一致しています。

［例］

MP3
001-010

トラック001から010の音声
に対応したトレーニングです。

リスニングについて知っておきたい3つのポイント

　英語リスニング攻略の具体的なトレーニングに入る前に、**リスニングの特性**について理解しておくことが大切です。

　そもそもリスニングとは何なのでしょうか。単にリーディングの音声版なのでしょうか。聞き取れないときに、**文字を見たら全部知っている単語**だった、ということはありませんか。なぜそのようなことが起こるのでしょうか。

　そうした疑問に答えるため、リスニングという行為についての理解を深めましょう。

▶同じ受容的スキルでも

　リーディングとリスニングはどちらも、外から入ってくる刺激（リーディングでは文字、リスニングでは音声）から意味を取り出していく行為です。このため、どちらも「受容的スキル」と呼ばれるのですが、同じ受容的スキルでもリーディングとリスニングの間には大きな違いがあります。それは、読むときには最初から**単語と単語の間の境界線は明らか**だが、聞くときにはそうではないという点です。

▶リーディングの意味処理プロセス

　リーディングで相手にする視覚刺激は印刷された文であり、英語の文は「分かち書き」されています。つまり、単語と単語の間にはスペースが置かれています。

I met the love of my life online.

という文を目で見ればスペースで区切られた７つの単語がすぐに目に入ります。そのため、意味を処理しなければならない相手がどのような単語なのかは最初から与えられているので、それはもうわかったものとして、次の段階に進むことができます。それは、

(1) それぞれの単語は自分の**知っている**単語なのか、そうでないのか。

(2a) 知っているなら、どのような**意味**だったのか。

(2b) 知らないなら、どのような意味かを**推測**できるか。

(3) これらの単語はどれとどれが意味的に**かたまり**、どこに意味の**切れ目**があるのか。どのように組み合わさって意味を作っているのか。

などの分析です。こうして、

I met / the love of my life / online.

のようにおおよそ分解でき、「私は一生に一度と思えるような恋人にネット

で出会いました」という意味かな、とわかります。

I met the love of my life online.

▶ 音声刺激は連続体

これに対して、リスニングの場合は入ってくる刺激が音声です。音声の場合、私たちはふだん、その音声を文字に書き起こしたスクリプトを目にすることが多いのであまり気づきませんが、その物理的な実体としての音声には、実際には**単語と単語の間のスペースがほとんどない**のです。先ほどの文であれば、まるで、

Imettheloveofmylifeonline.

のような形で耳に届きます。実際にこの文を発音した場合の音声波形（音圧の変化を表したもの）は次のようになります。

また、スペクトログラムと呼ばれる周波数ごとのエネルギーの強さを表したグラフは次のように見えます。

　これらはどちらも音声の実体を可視化したものなのですが、いずれのグラフを見ても、単語と単語の間にはほぼ**切れ目がない**ことがわかります。左から4分の1あたりに多少の境目があるように見えますが、これはポーズではなく、metのtの部分で「**閉鎖**」が起きているだけです。

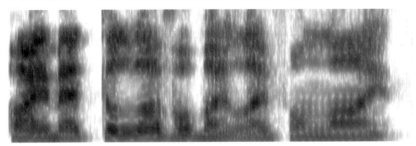

▶切り分けこそが出発点

　したがって、文字で強いて表すならばImettheloveofmylifeonline.のような、切れ目のない連続した音声が耳から入ってきたときに、まずこれが

I / met / the / love / of / my / life / online.

のように単語間に切れ目があるな、と認識できることがすべての出発点になります。つまり、リスニングにおいては先に見たリーディングの意味処理の段階の**(1)**〜**(3)**の前に、

(0) 音声の連続を聞いて、**単語の切れ目を見つける。**

という大切な段階が入るのです。

▶日本語リスニングにはないチャレンジ

　これは日本語でも同じことですが、日本語のリスニングにおいては、この「まず単語と単語の切れ目を見つける」という作業は、それほど大きな問題にはなりません。これは私たちが日本語ネイティブだから慣れているのでそう感じるというだけではなく、外国人として日本語を学習する人たちも、その苦労はあまりないように見受けられます。

　日本語ネイティブは英語の聞き取りに苦労するのに、英語ネイティブは日本語の聞き取りにあまり苦労しないという非対称性はなぜなのでしょうか。それは日本語と英語の**音声的な特徴の違い**に起因すると考えられます。すなわち、日本語は単語を1つだけ取り出して発音したときの音と、その単語を文の中で発音したときの音が、それほど変わらない言語であるのに対し、**英語は大きく変わることの多い言語だ**、ということです。

▶いつも 1 + 1 = 2 とは限らない英語

　私たち日本語ネイティブにとって、英文のイメージと音声のイメージが大きく変わる理由には以下のようなものがあります。

(1) 単語と単語が連結したときに、「**リンキング**」によって音声イメージが変わることがあります。いわば、1 + 1 = 1.5

(2) 次に、イメージだけでなく「**同化**」と言って実際に音声が変わってしまうことがあります。いわば、1 + 1 = 3

(3) 自然な会話の中では音が「**脱落**」することがあります。日本語でも「すみません」（sumimasen）の、最初のmを脱落させて「すいません」（suimasen）にするような省エネ発音がありますが、そうしたことが英語にはかなり多いのです。いわば、1 + 1 = 1

(4) さらに、**機能語**と言われる前置詞や冠詞や助動詞などは、文の中では「**弱形**」と言ってごく軽く、かつすばやく発音されることがあります。

このような現象があるので、たとえすべてが「知っている単語」であっても、うまく単語が切り出せないと「知っている単語」であることが認識できないため、意味がわからないということがありえます。

つまりリスニングでは、ひと続きの音声の中で単語がどう聞こえるのかに慣れていないと、せっかくの単語力も文法力も発揮できないことになるのです。「戦う前に敗れてしまう」という不戦敗の状況ですね。ですから、まずはこの部分のトレーニングをすることが大切です。

Point 2　知っている語が聞き取れないのは上達のチャンス！

ある文が、あるいはその一部が「聞き取れなかった」というとき、それには2つのケースがあります。

▶知らない単語は聞き取れない

そうしたケースの1つめは、聞き取れなかったのがそもそも知らない単語だった、という場合です。それは仕方ありません。知らない単語が聞き取れることはありません。音としては聞き取れる場合でも意味がわからないのは当然です。

この場合は、聞き取れなかったことについてあまり悩まず、「聞き取れなかった」単語を学習し、自分の頭の辞書に入れましょう。その場合、スペリングからの思い込みや、誤ったカタカナ発音でなく、本物の「すっぴん発音」を頭に入れることが必要です。いずれにしても、このケースはそれほど大きな問題ではありません。次に遭遇したときに聞き取れるようにすればいいだけです。

▶知っている単語が聞こえなかったら

これに対して問題なのは、聞き取れなかった部分のスクリプトを見たら、すべてが「知っている」単語だった、というケースです。つまり「文字で見ればわかるけれど、音声で聞いたらわからなかった」という場合です。これは何が原因なのか、真剣に悩む必要があります。単語力の問題ではありません。今までのやり方のままいくら単語を増やしても、この2つめのケースは

解決できません。

　こういうことがあるとついつい「ああ、自分は耳が悪いのだ」と思ってしまいがちかと思います。しかし、多くの場合、実は**「耳」に罪はありません**。聴力（hearing）自体に問題がある場合を除いては、普通の人の「耳」はちゃんと正しい音声を拾って、その音声イメージを脳にまで届けてくれているのです。だから「耳が悪い」というのは耳に対する言いがかりです。

▶修正すべきは「頭」の方

　では、何が問題なのかというと、「頭」の方です。おっと！　「頭が悪いだって！　なんて失礼なことを言うのだ！」と早合点しないでください。「頭」といっても IQ がどうこうという話ではありません。記憶の中に蓄積してある、一つ一つの単語の**音声のイメージ**、あるいは複数の単語が文の中でひと続きに発音されたときの**音声のイメージ**の方がもともと間違っている、ということです。

　人間が単語や文を「聞き取れた」「理解した」と思うのは、耳から入ってきた音声の連続を切り分けた結果、自分の頭にストックしてある辞書（mental lexicon ＝**「心的辞書」**と言います）の見出し語と一致し、それが意味を成すと認識したときです。

　その照合すべき元データである「自分の中の音声イメージの蓄積、心的辞書」が不正確だったら、せっかく耳が頑張って正確な音声イメージを運んできても、音と意味のマッチングが起こりません。むしろ耳が頑張れば頑張ろうとするほど、聞き取れなくなります。なぜなら、元のデータが不備だからです。

　例えて言うなら、あなたの知り合いのAさんの容貌についてのあなたの思い込みが、Aさんの実際の容貌とずれているために、人混みの中でAさんとすれ違ってもAさんだと気づかない、といった現象です。

　あなたの目はきちんとAさんの実

際の容貌を網膜上で捉えて、脳にイメージを送っているのに、脳の方が「こんな容貌の人は自分の知り合いにはいない」と判断し、無視してしまっているのです。

▶ピンチこそチャンス

では、どうしたらよいのでしょうか。解決策の方向は明らかです。自分の頭の中の「知り合いの容貌リスト」を正しいものにアップデートするしかありません。自分の心的辞書にある、1つの語や、複数の語がつながっているときの**発音イメージをアップデート**していくのです。あなたの耳を優先して、あなたの脳内データの方を修正するのです。

ピンチをチャンスに変えるとよく言います。「知っている語なのに聞き取れなかった」「簡単な単語の連続なのに聞き取れなかった」ということは、リスニング力が大きく飛躍するためのチャンスが見つかったということです。自分の脳内のどのようなイメージを修正すればよいのか手がかりがつかめた、ということだからです。どのような単語やフレーズの脳内データを、どのようにして修正すべきか、それを次の第1章以下で学んでいきましょう。

Point 3 　攻撃は最大の防御なり

▶ただひたすら聞けばよい？

「単語と単語の切り分けに集中する」と「心の中の単語や英文の音声のイメージを修正する」という2つのポイントを挙げました。では、それを踏まえたうえで、リスニングを上達させるために最もよい方法は何でしょうか。ただひたすら音声を聞いて英語の音声の実態に慣れることなのでしょうか。

もちろん音に慣れることは大切ですが、耳だけに頼っていては限界があります。例えば、L音とR音の出し方（→ Lesson 41）をまったく知らない状態で、その2つの音の区別を純粋に聞こえてくる音だけに頼ってチャレンジするのはかなりハードルが高いはずです。B音とV音（→ Lesson 42）、S音とTH音（→ Lesson 43）の区別も同様です。

ではどうすればよいかと言えば、耳だけに頼らず、自分の「口」からの援護が欠かせません。つまり、現実の英語の音声が聞き取れるようになるため

には、**自分でも普段からそのような音声で発音しておくことが上達への近道であり、最も効果的だということ**です。

❯発音できれば聞こえるようになる

例えば自分で loyal と royal、best と vest、think と sink を発音し分けていると、耳の方も徐々にそれを**区別する耳に変わっていく**のです。R 音で舌先が浮いている感覚と、その R 音を自分の耳で聞いたときの音の感覚が脳内で結び付けば、「R 音の舌先感覚」と「R 音の聴覚」の間に**リンクが形成**され、次に人が発音した R 音を聞いた瞬間に、間違いなくそれが R 音であって L 音ではないという確信が得られるようになります。

意味のひとかたまりのフレーズは、音声的にもひとかたまりで発音することによって「子音プラス母音」や「子音プラス子音」のリンキングにも耳が慣れてきます。スペリングの見た目とギャップが大きい内容語（名詞・動詞など）もギャップのない発音をすることで、また機能語（助動詞・前置詞など）も「**弱形**」と呼ばれる自然な発音をすることで、自分の脳内に蓄えられている英語音声のイメージが修正されていきます。

❯発音とリスニングは表裏一体

攻撃は最大の防御なり。耳から入ってくる音声をうまく聞き取れるようになるためには、自分の口から**出ていく音声**を、耳から**入ってくる音声**と「**すり合わせる**」ことで変えていくことが、最も大切です。

本書はリスニングの本ですが、発音とリスニングは裏表の関係であるということを踏まえ、十分に発音や音読の練習ができるように配慮しています。ぜひ繰り返し口を動かしてください。そして自分の口から出る音を自分の耳でよく聞いてください。L と R の区別に代表されるような、日本語ネイティブが最初は苦労する発音の方法についても、第 3 章で綿密にステップを追ったトレーニングを用意しています。

リスニングを上達させたいという意欲さえあれば、年齢はいくつであっても上達しない人はいません。では、次の章から具体的にその「すり合わせ」を始めましょう。

子音＋母音の
リンキングを
切り分ける

　英語では意味的にひと続きである複数の単語は、まったく切れ目を置か
ずひと続きの音声として発音されるので、日本語ネイティブには聞き取り
が難しくなります。ところが、日本語の聞き取りは外国人にはそれほど難
しくないように思われます。

　この不公平（！）は、おそらく英語と日本語の単語の基本的な構造の違
いにも1つの原因がありそうです。この章では、その原因を理解したうえ
で、この弱点を克服するためのトレーニングを行います。

■ 日本語と英語の単語の基本構造

　日本語と英語の単語の音の基本的な違いは、日本語の単語は**最後が母音**（vowel、Vと略す）で終わるのがほとんどなのに対して、英語の単語は**最後が子音**（consonant、Cと略す）で終わることが多いということです

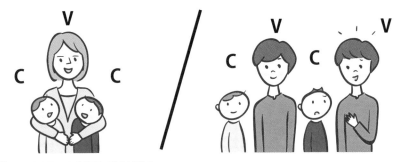

英語は CVC、日本語は CV が基本

　例えば、日本語の、あなた（anata）、10時（juji）、行く（iku）、迎え（mukae）、ネコ（neko）などはすべて母音 (a, i, u, e, o) で終わります。そのため、生まれてからずっと「単語の最後は母音」という世界にいる私たち日本語ネイティブは、「子音＋母音」(ka, sa, ta …) や「単独の母音」(a, i, u …) という「母音終わり」の音声部品に慣れきっています。そこに、耳から文として音声の連続体が入ってきたとき、無意識にこの「母音終わり」を手がかりにして単語を切り出そうとしてしまうのです。

■ 母音区切りで切り出す作戦

　この「母音終わりで単語を切り出す」作戦は、日本語の場合には非常にうまくいきます。例えば、

> じゃあじゅうじにとりにいくよ
> jaajuujinitorininiikuyo

という音声連続体を聞いても、「母音終わり」を手がかりに自分の知っている単語を切り出す、という作業を頭の中でしてみると、

> jaa/juuji/ni/tori/ni/ikuyo
> jaa / juuji / ni / tori / ni / ikuyo

と単語を切り出すことができ、

> じゃあ　10時に　取りに　行くよ

という文が表れます。ですから、jaajujinitoriniikuyo と、ひとかたまりに発音しても jaa / juuji / ni / tori / ni / ikuyo と、ポーズをおいて発音しても、わかりやすさは変わりません。なぜなら、もともと「子音＋母音」（もしくは母音のみ）という、母音終わりのかたまりが続いているからです。

■ 英語だと母音で切り出してもダメ

　これに対して英語では pick、it、up、at、ten など、子音で終わる単語の方が多くなっています。このような単語が連結して発音されると、私たち日本語ネイティブにどう聞こえるか分析してみましょう。子音は C、母音は V で表記します。

　pick (CVC) に it (VC) が連結すると pickit (CVCVC) となり、それを日本語ネイティブが CV ないし V を頼りに切り出すと、

> pi / cki / t (CV + CV + C)　　注 : ck は 2 文字で 1 つの子音を表します

つまり、「ピ／キ／t」となります。さらにこの後に up が続くと

> pick it up → pickitup → pi / cki / tu / p

つまり、「ピ／キ／タ／p」のように聞こえます。さらに at が続くと、

> pick it up at → pickitupat → pi / cki / tu / pat

で「ピ／キ／タ／パ／t」となり、その後に ten も続くと、

> pick it up at ten → pickitupatten → pi / cki / tu / pa / tten

「ピ／キ／タ／パ／テン」となります。at と ten の連結は、「VC ＋ CVC」

なので2つの子音の結びつきですが、この場合は「アットゥテン」ではなく、「アッテン」と聞こえます。そうすると結局、I'll pick it up at ten.（それ、10時に取りに行くよ）は、「アオ／ピ／キ／タ／パ／テン」のように切り出されてしまい、「I'll と ten 以外は知らない単語ばかりだ！　意味がわからない！」ということになります。

■ 連結されるとイメージ激変

　このように、単語の最後が母音であることが多い日本語と、子音であることが多い英語、という構造の違いのために、英語の単語が連結して発音されると、私たちにはかなりイメージが違って聞こえることがある、ということをまず頭に入れてください。この現象の克服こそ、日本語ネイティブが英語リスニングに上達するための最大の鍵の一つです。

■ Let It Go が、「レリゴー」と聞こえるわけ

　ここで「Let It Go」が「レリゴー」と聞こえる現象について考えましょう。ご存じのように「Let It Go」は2013年のディズニーアニメ映画『アナと雪の女王』の主題歌です。この映画は日本でも大ヒットしましたが、カタカナ発音表記としては「レリゴー」が一般的でした。この表記は let it go というフレーズの英語音イメージをかなりの程度適切に表しています。Let it go と「レリゴー」の音声的な対応関係は以下のとおりです。

Let it	go
レリ	ゴー

英単語を途中で切ってしまって対応を示すなら次のようになり、

Le	t it	go
レ	リ	ゴー

最も細かく区切ると次のようになります。

Le	t i	t	go
レ	リ		ゴー

つまり、t は 2 つありますが、発音がまったく違うのがわかります。すなわち Let の t は「リ」に含まれ、it の t は「レリゴー」表記には含まれない（＝日本語ネイティブには聞こえない）のです。

■ 後が母音なら聞こえ、後が子音なら聞こえない

「レリ」がなぜ「レティ」でないのかは後で説明しますが、とにかく「リ」としてでも耳によく聞こえる発音になっているのは、Let の後に it が続いている、つまり t の後に母音（i）が続いているからです。これに対して it の t が聞こえない（と日本語ネイティブには思える）のは、後に go が続いている、つまり子音（g）が続いているからです。

　この最初の t に代表されるケース、すなわち「子音の後に母音が続いていて、子音自体は聞こえるリンキング」をこの第 1 章でトレーニングします。なお 2 番めの t が聞こえないケースは第 2 章で扱います。

■ T 音のラ行音化（たたき音化）

　t の後に母音が来ると t と結びついてよく聞こえることはわかりました。しかし t がアイウエオとそのまま結び付けばタ、ティ、トゥ、テ、トなどになるはずなのに、なぜ Let it go は「レティ (t) ゴー」ではなく「レリゴー」なのでしょうか。それは、アメリカやカナダなどの北米の発音では一定の条件のもとで、**t が日本語のラ行のような発音になる**という性質があるからです（音声学では「たたき音」と言われるもので専門的には / ɾ / という一般の辞書では見かけない記号で表します）。

　同じ現象を指して「t が d になる」と表現される場合もあります。英語ネイティブはこの音を「**有声の t（voiced t）**」などということがあります。確かに t を有声にしたものが d なのですが、「d になる」という表現は、実は正確ではありません。d と言っても普通の閉鎖音／破裂音（→ p. 64）の D 音になるわけではないのです。D 音に似てはいますが、舌先と歯ぐきの接触時間がずっと短い特殊な「たたき音」になるのです。

　そしてその「たたき音」は、たまたま日本語の「ラ行」で用いられる音とほぼ同じです。したがって、ある条件下では**英語の t は日本語のラ行の音にな**

る、と考えて間違いありません。（ただし決して英語の R 音になるのではないので注意してください！）

■ どのような時にラ行音化するか

　この現象が起こるのは主として次の 3 つの場合です。

MP3
001

（1）語末に t があって、次に母音で始まる語が続くとき

　　中でも特に、その t で終わる語にはアクセントがあって、母音で始まる語にはアクセントがないときに生じます。Let it go は、アクセントの強さは OoO です。すなわちアクセントのある Le の部分とアクセントのない it の間に t が挟まれています。

　　例：cut it [カリッ（t）] ／ put it [プリッ（t）] ／
　　　　Forget it. [フゲリッ（t）]

（2）語の中でアクセントのある強い母音とアクセントのない弱い母音にはさまれるとき

　　例：better [ベラ] ／ water [ワーラ] ／ meter [ミーラ] ／
　　　　cutter [カラ] ／ photo [f オウロウ]

（3）語の中で、アクセントのある強い母音と、L 音にはさまれるとき

　　例：little [リロウ] ／ total [トウロウ] ／ metal [メロウ] ／
　　　　bottle [バロウ]

　　（※ここでは L 音も便宜的にラ行で表記しています。）

■ him、her、his から h が落ちる

　T 音で終わる語の後に、（特に弱い）母音で始まる語が続くときにラ行化が起こる、という現象に関連して重要なのは、文の中で弱く言われる位置にあるとき、he、him、her、his の H 音は脱落しやすいことです。h が脱落するとどうなるでしょうか。それぞれ、e、im、er、is となり、母音始まりの語へと変化します。そのために次のような連結が起こります。

16

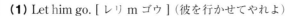

(1) Let him go. [レリ m ゴウ]（彼を行かせてやれよ）

(2) I've got her number. [アイ v ガラ ナンブァ]（彼女の番号はあるよ）

(3) Give her some rest. [ギヴァ サ m R エ st]（少し休みをやれよ）

＊　　＊　　＊

　では、次のページから単語と単語のリンキングの中で、子音で終わる語の後に主に母音で始まる語が続くものを集中的に練習しましょう。すなわち、「子音＋母音で、新しい音のように聞こえるようになる」リンキングです。

第1章

動詞P音リンキング

　P音で終わる動詞の後に、母音で始まる語が来たときのリンキングに慣れましょう。P音の後に「ア」「イ」「ウ」「エ」「オ」が来ると、「パ」「ピ」「プ」「ペ」「ポ」に似た音になります。

MP3
003-013

▶連結切り分けトレーニング

　以下の文を聞き、どのような動詞とどのような語がリンキングしているか、聞き取りましょう。

Example Now dip it in this sauce.

1. You can ＿＿＿＿＿ if you like.
2. We should ＿＿＿＿＿ .
3. It's time to ＿＿＿＿＿ up
4. You can ＿＿＿＿＿ at the station.
5. I don't want to ＿＿＿＿＿ that position.
6. I think I'll ＿＿＿＿＿ it.
7. Let's ＿＿＿＿＿ rhythm with our hands on our knees.
8. Take care not to ＿＿＿＿＿ the curb.
9. You can't ＿＿＿＿＿ here. You need to call the city office.
10. Stop pulling my dress. You'll ＿＿＿＿＿ !

●ヒント

P音で終わる動詞		後にリンキングしている語
clip クリップで留める / drop / dump 捨てる / keep / sleep / step / trip つまずく / tap 叩く / wrap 包む	＋	a / Amy（女子の名）/ at / him / her / in / into / it / on ＊ his, him, her は自然な会話では h が落ち、母音始まりの語に近くなります。

✔ トレーニングの解答と訳

Example Now dip it in this sauce. さあ、それをこのソースに付けて。

1. You can keep it if you like. よかったら、それあげるよ。
   » it と if も連結しています。

2. We should stop her. 彼女を止めるべきだ。

3. It's time to wrap it up. そろそろ、まとめに入る時間だ。
   » wrap ~ up で、「~をまとめる」の意のイディオム。it と up も連結します。

4. You can drop Amy at the station. エイミーは駅で降ろしていいよ。
   » 〈drop 人〉で、「~を（車などから）降ろす」。逆は〈pick up 人〉。

5. I don't want to step into that position. その立場になりたくないな。

6. I think I'll sleep on it. 一晩寝て考えるよ。
   » sleep on it は「その上で眠る→すぐに決めず明日の朝まで待つ」の意のイディオム。

7. Let's tap a rhythm with our hands on our knees. 手で膝を叩いてリズムをとろう。

8. Take care not to trip on the curb. 舗道の縁石につまずかないように気をつけて。

9. You can't dump it here. You need to call the city office. それはここに捨てちゃだめです。市役所に電話しないと。

10. Stop pulling my dress. You'll rip it! ドレスを引っ張るのはやめて。破ける！
    » stop と pulling は連結して、stop の語末の p と pulling の語頭の p が 1 つになり、「ストップリン」のように聞こえます。

◀ Let's Practice

Step 1 〉 文を見ながら再度音声を聞き、リンキングを確認しましょう。

Step 2 〉 納得できたら、録音の音声をまねて、文を音読してみましょう。

Step 3 〉 文字を見ずに音声だけを聞いて、リピートしましょう。

動詞 B 音リンキング

　B 音で終わる動詞の後に、母音などで始まる語が来たときのリンキングに慣れましょう。B 音の後に「ア」「イ」「ウ」「エ」「オ」が来ると、「バ」「ビ」「ブ」「ベ」「ボ」に似た音になります。

> MP3
> 014-024

> ▶ **連結切り分けトレーニング**
>
> 　以下の文を聞き、どのような動詞とどのような語がリンキングしているか、聞き取りましょう。
>
> **Example** Don't disturb her while she's sleeping.
>
> 1. I was amazed at his ability to 　　　　　.
> 2. Is there an app that will 　　　　　 recording?
> 3. It's clear he was trying to 　　　　　.
> 4. It's very difficult to 　　　　　 joy in words.
> 5. Let's 　　　　　 bite before we leave.
> 6. Hey, I know I made a mistake, so don't 　　　　　 in.
> 7. The government is trying to 　　　　　.
> 8. They want to 　　　　　 of his power.
> 9. Wash the potato and 　　　　　 several times with a fork before baking.
> 10. Why did they 　　　　　 King of Pop?

▶ **ヒント** ··

B 音で終わる動詞
absorb 吸収する / bribe 買収する / curb 抑える / describe 描写する / dub あだ名をつける / grab つかむ / rob 奪う / rub こする / stab 刺す / transcribe 書き取る

+

後にリンキングしている語
a / at / her / him / inflation / information / it / officials / our *his, him, her は自然な会話では h が落ち、母音始まりの語に近くなります。

Example Don't disturb her while she's sleeping.	彼女が寝ているのを邪魔しないでください。
1. I was amazed at his ability to absorb information.	彼が情報を吸収する能力に舌を巻いた。
2. Is there an app that will transcribe a recording?	録音音声を書き取ってくれるアプリってある？
3. It's clear he was trying to bribe officials.	彼が役人を買収しようとしていたのは明らかだ。
4. It's very difficult to describe our joy in words.	私たちの喜びを言葉にするのは難しいです。
5. Let's grab a bite before we leave. ≫ grab a bite で「さっと食事を済ます」。	出かける前に軽く腹ごしらえしようよ。
6. Hey, I know I made a mistake, so don't rub it in.	ミスしたのはわかっているからさ、しつこく言うなよ。
7. The government is trying to curb inflation.	政府はインフレを抑えようとしている。
8. They want to rob him of his power.	彼らは彼から権力を奪い取りたいと思っている。
9. Wash the potato and stab it several times with a fork before baking.	ジャガイモを洗い、焼く前にフォークで何度か刺して穴を開けてください。
10. Why did they dub him King of Pop?	なぜ彼はキング・オブ・ポップと呼ばれたのか。

◀ Let's Practice

Step 1 〉 文を見ながら再度音声を聞き、リンキングを確認しましょう。

Step 2 〉 納得できたら、録音の音声をまねて、文を音読してみましょう。

Step 3 〉 文字を見ずに音声だけを聞いて、リピートしましょう。

第1章

動詞 V 音リンキング

　V 音で終わる動詞の後に、母音で始まる語が来たときのリンキングに慣れましょう。V 音の後に「ア」「イ」「ウ」「エ」「オ」が来るとき、「**ヴァ**」「**ヴィ**」「**ヴゥ**」「**ヴェ**」「**ヴォ**」に似た音に聞こえます。

> MP3
> 025-035

▶連結切り分けトレーニング

　以下の文を聞き、どのような動詞とどのような語がリンキングしているか、聞き取りましょう。

Example I don't approve of his political strategy.

1. He will find it difficult to ＿＿＿＿＿ point.
2. The doctors did all they could to ＿＿＿＿＿ .
3. Let's ＿＿＿＿＿ a big hand again.
4. No matter what, I ＿＿＿＿＿ my son.
5. No more negotiations. Take it or ＿＿＿＿＿ .
6. We'll do anything to ＿＿＿＿＿ goal.
7. What time did you ＿＿＿＿＿ the party?
8. You can ＿＿＿＿＿ my place, if you like.
9. You either ＿＿＿＿＿ or hate him.
10. You should ＿＿＿＿＿ the moment, not in the future.

●ヒント

V 音で終わる動詞
arrive 到着する / believe 信ずる / give / leave 放っておく / live / love / move / prove 証明する / save 救う

＋

後にリンキングしている語
at / her / him / in / into / it / our *his, him, her は自然な会話では h が落ち、母音始まりの語に近くなります。

Example I don't approve of his political strategy.

彼の政治戦略を私は是認しない。

1. He will find it difficult to prove his point.

彼は自分の主張の正しさを証明するのに苦労するだろう。

2. The doctors did all they could to save her.

医者は彼女を救うために手を尽くした。

3. Let's give him a big hand again.

もう一度彼に盛大な拍手を送りましょう。

4. No matter what, I believe in my son.

何があろうと、私は息子を信じます。

5. No more negotiations. Take it or leave it.

交渉は終わりだ。これで手を打つか、嫌ならやめろ。

≫ take it or leave it は決り文句。it はその時に話題になっている条件など。

6. We'll do anything to achieve our goal.

目標達成のためなら何でもするよ。

7. What time did you arrive at the party?

パーティーには何時に着いた？

8. You can move into my place, if you like.

よかったら私のところに来て暮らしてもいいよ。

9. You either love him or hate him.

彼のことは大好きか大嫌いかに分かれるね。

10. You should live in the moment, not in the future.

未来でなく、今この瞬間に生きるべきだ。

≫ live in the moment で「今の瞬間を充実して生きる」。

🎀 Let's Practice

Step 1 〉 文を見ながら再度音声を聞き、リンキングを確認しましょう。

Step 2 〉 納得できたら、録音の音声をまねて、文を音読してみましょう。

Step 3 〉 文字を見ずに音声だけを聞いて、リピートしましょう。

第1章

Lesson 04

動詞Ｔ音リンキング

　Ｔ音で終わる動詞の後に母音で始まる語が来ると、「タ」「ティ」「トゥ」「テ」「ト」に似た音になるのが基本ですが、Ｔ音が変化して「ラ」「リ」「ル」「レ」「ロ」のようになることも非常によく起こります。

MP3 036-046

▶連結切り分けトレーニング

　以下の文を聞き、どのような動詞とどのような語がリンキングしているか、聞き取りましょう。

Example I don't have a clue where I lost it.

1. Just _____ . It's not important.
2. Do you think the police will _____ ?
3. That decision will greatly _____ .
4. How can I _____ ?
5. We should _____ of here right now.
6. I feel bad that I _____ waiting so long.
7. Let me _____ this way.
8. She was _____ by them.
9. I _____ a lot today.
10. Slavery was _____ the US in the 19th century.

●ヒント

Ｔ音で終わる動詞
abolish 廃止する/ affect 影響する / arrest 逮捕する / contact 連絡する / forget / keep / laugh 笑う / miss （人などが）いなくてさびしく思う

＋

後にリンキングしている語
at / her / him / in / it / out / us *his, him, her は自然な会話では h が落ち、母音始まりの語に近くなります。

Example I don't have a clue where I lost it.

それをどこでなくしたのか、まったくわからない。

≫ don't have a clue で「見当もつかない」。

---

1. Just forget it. It's not important.

忘れてよ。何でもないから。

---

2. Do you think the police will arrest him?

警察は彼を逮捕すると思いますか。

≫ will と arrest も連結し、「ウィラレスティ m」と聞こえます。

---

3. That decision will greatly affect us.

その決定は、私たちにも大いに影響します。

≫ greatly の t は聞こえないことがあります。

---

4. How can I contact him?

どうしたら彼に連絡つくかな。

---

5. We should get out of here right now.

ここをすぐ出たほうがいい。

≫ get の t も、out の t もラ行化します。of の f は脱落します。

---

6. I feel bad that I kept her waiting so long.

彼女をあんなに待たせて申し訳ないと思っている。

≫ feel bad で「後悔する」「すまなく思う」の意。

---

7. Let me put it this way.

こういう言い方をしようか。

≫ Let と me が連結して「レミー」のように聞こえます。it の t は聞こえません。

---

8. She was laughed at by them.

彼女は彼らに笑われた。

≫ at の t は次が by なので聞こえません。

---

9. I missed him a lot today.

今日は彼がいないのがとてもさびしかった。

≫ lot と today は「閉鎖音＋閉鎖音」の連結なので、t が 1 つしか聞こえません。

---

10. Slavery was abolished in the US in the 19th century.

奴隷制度は米国では 19 世紀に廃止された。

≫ was と abolished も連結します。

◀ Let's Practice

Step 1 〉 文を見ながら再度音声を聞き、リンキングを確認しましょう。

Step 2 〉 納得できたら、録音の音声をまねて、文を音読してみましょう。

Step 3 〉 文字を見ずに音声だけを聞いて、リピートしましょう。

第1章

動詞 D 音リンキング

　動詞が D 音で終わり次の母音とリンクすると、「ダ」「ディ」「ドゥ」「デ」「ド」のような音になります。D 音で終わる動詞の過去形や過去分詞は、その「ダ」「ディ」「ドゥ」「デ」「ド」の音が**時制を判断するキー**となります。

MP3 047-057

▶連結切り分けトレーニング

　以下の文を聞き、どのような動詞とどのような語がリンキングしているか、聞き取りましょう。

Example She will lead her team to victory.

1. How many books do you 　　　　　　 month?
2. How much do you 　　　　　　 clothes?
3. I 　　　　　　 clear I wouldn't do that.
4. If you 　　　　　　 help, just call me.
5. It's hard to 　　　　　　 motive.
6. Anne 　　　　　　 her impulse, not reason.
7. The boss knew, but he just 　　　　　　 .
8. The full explanation is 　　　　　　 the brochure.
9. The poor guy 　　　　　　 in the hospital for a month.
10. Who do you think 　　　　　　 ?

●ヒント ・・

D 音で終わる動詞
acted 行動した / did / ended / ignored 無視する / need / provided 与えられる / read / spend 費やす / understand 理解する

+

後にリンキングしている語
a / any / his / it / on / up *his, him, her は自然な会話では h が落ち、母音始まりの語に近くなります。

✅トレーニングの解答と訳 ···

Example She will lead her team to victory.　彼女はチームを勝利に導くだろう。

1. How many books do you read a
   month?

   月に本を何冊読みますか。

2. How much do you spend on clothes?　服にどのくらいお金を使いますか。

   » clothes の発音に注意。自然な会話中では close と同じ音です。

3. I made it clear I wouldn't do that.　私はそれをしないとはっきり言った。

   » make it clear (that) ～で、「～であるとはっきり述べる」。

4. If you need any help, just call me.　助けが必要ならすぐ電話して。

5. It's hard to understand his motive.　彼の動機は理解しがたい。

6. Anne acted on her impulse, not
   reason.

   アンは理性でなく衝動に任せて行動した。

   » not の t は聞こえません。

7. The boss knew, but he just ignored it.　上司は知っていたが、それを無視した。

   » he の h は聞こえません。

8. The full explanation is provided in the
   brochure.

   詳しい説明はパンフレットにあります。

   » explanation と is も連結します。

9. The poor guy ended up in the
   hospital for a month.

   かわいそうに、その男は 1 カ月入院する羽目になった。

   » end up ～で「～という羽目になる」。

10. Who do you think did it?　誰がそれをやったと思いますか。

    » Who did it? に do you think が挿入された文です。

◀ Let's Practice

| Step 1 | 文を見ながら再度音声を聞き、リンキングを確認しましょう。 |

| Step 2 | 納得できたら、録音の音声をまねて、文を音読してみましょう。 |

| Step 3 | 文字を見ずに音声だけを聞いて、リピートしましょう。 |

動詞 K 音リンキング

K音で終わる動詞の後に、母音で始まる語が来たときのリンキングに慣れましょう。K音の後に「ア」「イ」「ウ」「エ」「オ」が来ると、「**カ**」「**キ**」「**ク**」「**ケ**」「**コ**」に似た音に聞こえます。

MP3
058-068

▶連結切り分けトレーニング

以下の文を聞き、どのような動詞とどのような語がリンキングしているか、聞き取りましょう。

Example Look him in the eye and say it.

1. Can I _____ flight for someone else?
2. How can I _____ understand this?
3. I _____ with my boyfriend yesterday.
4. _____ the crust is golden.
5. It'll _____ hour or two.
6. It's important to _____ good balance.
7. Be sure to _____ your belongings with you.
8. Why don't you go and _____ out?
9. You can _____ order after signing in.
10. You should _____ till you make it.

●ヒント

K 音で終わる動詞		後にリンキングしている語
bake パンなどを焼く / book 予約する / check / fake ふりをする / strike 打つ / take / track 追跡する	+	a / all / an / her / it / until / up *his, him, her は自然な会話では h が落ち、母音始まりの語に近くなります。

28

✔ トレーニングの解答と訳

Example Look him in the eye and say it.　彼の目を見て言いなさいよ。
　　　≫〈look 人 in the eye〉で、「～の目をまともに見る」。

1. Can I book a flight for someone else?　他人のフライトを予約できますか。
　≫can と I、someone と else は n 音でリンクします。

2. How can I make her understand this?　どうしたら、このことを彼女にわか
　　　　　　　　　　　　　　　　　　　ってもらえるかな。
　≫understand の d は聞こえません。

3. I broke up with my boyfriend　昨日、彼女と別れたんだ。
　yesterday.

4. Bake until the crust is golden.　皮がきつね色になるまで焼きなさい。
　≫crust とはパイやパンの外側の皮のこと。

5. It'll take an hour or two.　1 ～ 2 時間はかかりますよ。
　≫an と hour もリンクします。

6. It's important to strike a good balance.　適切なバランスをとるのが大切です。
　≫strike a good balance で「バランスををとる」。

7. Be sure to take all your belongings　ご自分の荷物はすべて忘れずにお持
　with you.　ちください。
　≫all と your もリンクします。

8. Why don't you go and check it out?　行って確かめてみたら？
　≫it と out もリンクするので、check it out で「チェケタウ」のように聞こえます。

9. You can track an order after signing　サインインした後で、ご注文品の状
　in.　況を追跡できます。

10. You should fake it till you make it.　うまく行くまで、うまく行っている
　　　　　　　　　　　　　　　　　　　ふりをしなさい。
　≫it は漠然とした目前の状況を表します。fake it で（フリをする）と make it（成功する）
　　で韻を踏んでいます。

◤ Let's Practice

Step 1 〉 文を見ながら再度音声を聞き、リンキングを確認しましょう。

Step 2 〉 納得できたら、録音の音声をまねて、文を音読してみましょう。

Step 3 〉 文字を見ずに音声だけを聞いて、リピートしましょう。

>> Lesson 07

動詞 G 音リンキング

G音で終わる動詞の後に、母音で始まる語が来たときのリンキングに慣れましょう。G音の後に「ア」「イ」「ウ」「エ」「オ」が来ると、リンキングして、「ガ」「ギ」「グ」「ゲ」「ゴ」に似た音に聞こえます。

> **連結切り分けトレーニング**

以下の文を聞き、どのような動詞とどのような語がリンキングしているか、聞き取りましょう。

Example Dinner's ready. Dig in before it gets cold!

1. Oh, I want to＿＿＿＿＿＿＿.
2. It's easy. Just ＿＿＿＿＿ in and it's ready.
3. Maybe we should just ＿＿＿＿＿ and come back.
4. If you're going to town, do you mind if I ＿＿＿＿＿?
5. She can ＿＿＿＿＿ unfair criticism.
6. Should I ＿＿＿＿＿ to come back?
7. I literally had to ＿＿＿＿＿ out of bed.
8. The guy brags a lot, but he has done nothing to ＿＿＿＿＿.
9. The mysteries behind this painting continue to ＿＿＿＿＿.
10. These diseases continue to ＿＿＿＿＿.

 ヒント ....

G音で終わる動詞		後にリンキングしている語
beg 乞う / brag 自慢する / drag 引きずる / flag 旗を立てて印を付ける / hug ハグする / intrigue 面白がらせる / plague 苦しめる / plug 差し込む / shrug 肩をすくめる / tag 荷札を付ける	＋	about / along / her / him / it / off / us *his, him, her は自然な会話では h が落ち、母音始まりの語に近くなります。

30

✅ トレーニングの解答と訳 ....

Example Dinner's ready. Dig in before it gets cold!
　　　≫ dig in で「食べ始める」。

食事ができたよ。冷めないうちにさあ食べて！

---

1. Oh, I want to hug her.

ああ、あの子を抱き締めてやりたい。

---

2. It's easy. Just plug it in and it's ready.

　　≫ it と in もリンクして plug it in で「プラゲレン」。

簡単さ。コンセントに差し込めばすぐ使える。

---

3. Maybe we should just flag it and come back.
　　≫ flag は「紙片［付箋］を付ける」。

チェックを付けておいて後からもう一度検討しよう。

---

4. If you're going to town, do you mind if I tag along?
　　≫ tag along で「後について行く」。

街に行くなら、ついて行ってもいいかな。

---

5. She can shrug off unfair criticism.
　　≫ shrug off は「肩をすくめて払い落とす→無視する」。

彼女は不当な批判をスルーできる。

---

6. Should I beg her to come back?

彼女に戻るよう懇願すべきかな。

---

7. I literally had to drag him out of bed.

　　≫ out と of はリンクし、of は弱形。

私は彼を文字どおりベッドから引きずり出さねばならなかった。

---

8. The guy brags a lot, but he has done nothing to brag about.

あいつはよく自慢するが、自慢するほどのことは何もしていない。

---

9. The mysteries behind this painting continue to intrigue us.

この絵の背後に潜む謎は、私たちの興味を引きつけてやまない。

---

10. These diseases continue to plague us.

これらの病気は我々を苦しめ続ける。

 Let's Practice

Step 1 ＞ 文を見ながら再度音声を聞き、リンキングを確認しましょう。

Step 2 ＞ 納得できたら、録音の音声をまねて、文を音読してみましょう。

Step 3 ＞ 文字を見ずに音声だけを聞いて、リピートしましょう。

第1章

動詞 L 音リンキング

　L 音で終わる動詞に母音で始まる語が続くと、リンキングして、「**L ア**」「**L イ**」「**L ウ**」「**L エ**」「**L オ**」に似た音に聞こえます（L 音とはどういう音かについては、Lesson 41 を参照してください）。

MP3
080-090

▶連結切り分けトレーニング

　以下の文を聞き、どのような動詞とどのような語がリンキングしているか、聞き取りましょう。

Example Could you fill out this form, please?

1.　Don't ＿＿＿＿＿＿＿ me! I'm just telling the truth.

2.　He doesn't think he can ＿＿＿＿＿＿＿ .

3.　How can I ＿＿＿＿＿＿＿ can of beer fast?

4.　How do I ＿＿＿＿＿＿＿ from my computer?

5.　I ＿＿＿＿＿＿＿ in my bones that this is the best thing to do.

6.　I'm going to ＿＿＿＿＿＿＿ if he smokes in my room again.

7.　Sorry. Can you ＿＿＿＿＿＿＿ your name for me?

8.　＿＿＿＿＿＿＿ that you are in love with her.

9.　The committee will ＿＿＿＿＿＿＿ for hours over it.

10.　Why not ＿＿＿＿＿＿＿ spade a spade?

●ヒント

L 音で終わる動詞		後にリンキングしている語
chill 冷やす / grill 焼く・問い詰める / handle 扱う / uninstall アンインストールする / spell 単語をつづる / yell どなる	+	a / at / her / him / it / out *his, him, her は自然な会話では h が落ち、母音始まりの語に近くなります。

✅ トレーニングの解答と訳 ······

Example Could you fill out this form, please?
こちらの用紙に記入していただけますか。

　》 fill out で「（用紙などに）記入する」。

---

1. Don't yell at me! I'm just telling the truth.
私に怒鳴らないでよ。真実を言っているだけなんから。

---

2. He doesn't think he can handle it.
自分の手には負えないと彼は思っている。

---

3. How can I chill a can of beer fast?
缶ビールを速く冷やすにはどうしたらいい？

　》 of は弱形で f は聞こえません。

---

4. How do I uninstall it from my computer?
それ、どうやってアンインストールすればいい？

　》 uninstall の中の N 音に注意。

---

5. I feel it in my bones that this is the best thing to do.
こうするのがベストだって直感しているんだ。

　》 feel it in one's bones で「直感する」。

---

6. I'm going to kill him if he smokes in my room again.
あいつ、私の部屋で二度とタバコを吸ったら許さないから。

---

7. Sorry. Can you spell out your name for me?
すみません。お名前のつづりを教えてもらえますか。

　》 spell out で、「単語のつづりを言う」。

---

8. Tell her that you are in love with her.
彼女に恋しているんだって告白しろよ。

---

9. The committee will grill him for hours over it.
その件で、委員会は彼を何時間も審問するだろう。

---

10. Why not call a spade a spade?
はっきり言ったらどうですか。

　》 call a spade a spade で「物事の正体をはっきりと指摘する」。

◀️ Let's Practice

Step 1 〉 文を見ながら再度音声を聞き、リンキングを確認しましょう。

Step 2 〉 納得できたら、録音の音声をまねて、文を音読してみましょう。

Step 3 〉 文字を見ずに音声だけを聞いて、リピートしましょう。

動詞 M 音リンキング

M 音で終わる動詞に母音で始まる語が続くと、リンキングして、「マ」「ミ」「ム」「メ」「モ」に似た音に聞こえます。

> ## ▶連結切り分けトレーニング
>
> 以下の文を聞き、どのような動詞とどのような語がリンキングしているか、聞き取りましょう。
>
> **Example** I came across a friend from high school yesterday.
>
> 1. How can I _____ the files in a folder?
> 2. Close the door, and don't _____ .
> 3. I want to learn how to _____ Java.
> 4. It's prohibited to _____ this lake.
> 5. My daughter _____ of her own attractiveness.
> 6. Now, let's _____ true.
> 7. Please don't _____ for this.
> 8. They will _____ immediately.
> 9. This video teaches you how to _____ picture.
> 10. You can no longer _____ .

●ヒント

M 音で終わる動詞
assume 仮定する / blame 責める / climb 登る / frame 枠に入れる / inform 知らせる / program プログラムする / rename 名前を変える / slam バタンと閉める

+

後にリンキングしている語
Uluru /a / all / aware / her / in / it / us *his, him, her は自然な会話では h が落ち、母音始まりの語に近くなります。

Example I came across a friend from high school yesterday.

昨日、高校時代の友人にばったり会った。

≫ come across で「偶然に人に会う、ものを見つける」。

---

1. How can I rename all the files in a folder?

あるフォルダ内の全ファイル名を変えるにはどうすればいい？

≫ can と I、in と a とも連結します。

---

2. Close the door, and don't slam it.

ドアを閉めて。やさしくね。

---

3. I want to learn how to program in Java.

Java のプログラミングを学びたいです。

---

4. It's prohibited to swim in this lake.

この湖で泳ぐのは禁止です。

---

5. My daughter became aware of her own attractiveness.

娘が自分の魅力を自覚し始めた。

≫ attractiveness は外見的、特に性的な魅力のこと。

---

6. Now, let's assume it's true.

さて、それが本当だと仮定しよう。

---

7. Please don't blame her for this.

この件で彼女を責めないでください。

≫ blame A for B で「A さんを B の件で非難する」。

---

8. They will inform us immediately.

彼らは、我々にはすぐに知らせてくれるでしょう。

---

9. This video teaches you how to frame a picture.

このビデオは、絵画を額縁に入れる手順を教えてくれます。

---

10. You can no longer climb Uluru.

ウルルにはもう登れません。

≫ウルルとは、先住民族アナングがエアーズロックをもともと呼んでいた名称。

◀ ⋯Let's Practice

Step 1 〉文を見ながら再度音声を聞き、リンキングを確認しましょう。

Step 2 〉納得できたら、録音の音声をまねて、文を音読してみましょう。

Step 3 〉文字を見ずに音声だけを聞いて、リピートしましょう。

動詞 N 音リンキング

N 音で終わる動詞には特に注意が必要です。**N は決して「ン」ではなく「ンヌ」であり、いわばナ行の頭の音**だからです。よって後に母音で始まる語がリンキングすると、「**ナ**」「**ニ**」「**ヌ**」「**ネ**」「**ノ**」に似た音が現れます。「-en」で終わる過去分詞は数多くあります。N の「ナ行」イメージに慣れましょう。

MP3
102-112

▶連結切り分けトレーニング

以下の文を聞き、どのような動詞とどのような語がリンキングしているか、聞き取りましょう。

Example This book is written in easy English.

1. His remark was _____ of context.
2. How can I _____ for this program?
3. I have _____ a job in Australia.
4. I _____ an old friend yesterday.
5. I've _____ friend since elementary school.
6. A new photo has recently _____ to his website.
7. Make sure you _____ before closing your browser.
8. The full details are _____ this file.
9. This matter has _____ open secret.
10. When did you _____ it?

▶ヒント ⋯⋯⋯⋯⋯⋯⋯⋯⋯⋯⋯⋯⋯⋯⋯⋯⋯⋯⋯⋯⋯⋯⋯⋯⋯⋯⋯⋯

N 音で終わる動詞		**後にリンキングしている語**
learn 学ぶ / run / sign 署名する	+	about / added / his / in / into / offered / out / up *his, him, her は自然な会話では h が落ち、母音始まりの語に近くなります。

✔ トレーニングの解答と訳 ⋯⋯⋯⋯⋯⋯⋯⋯⋯⋯⋯⋯⋯⋯⋯⋯⋯⋯⋯⋯⋯⋯⋯⋯⋯

Example This book is written in easy English.

この本は易しい英語で書かれている。

---

1. His remark was taken out of context.

彼の発言は文脈から切り取られた。

---

2. How can I sign up for this program?

このプログラムには、どうしたら申し込めますか。

---

3. I have been offered a job in Australia.

   ≫ in と Australia も連結します。

私にオーストラリアでの仕事のオファーがあった。

---

4. I ran into an old friend yesterday.

   ≫ run into で「偶然に会う、発見する」。

昨日、古い友人にばったり会った。

---

5. I've been his friend since elementary school.

彼とは小学校以来の友人だ。

---

6. A new photo has recently been added to his website.

   ≫ recently の t は聞こえないことが多い。

新しい写真が最近、彼のウェブサイトに加えられた。

---

7. Make sure you sign out before closing your browser.

   ≫ make sure ～で「必ず～する」。

ブラウザを閉じる前に必ずサインアウトすること。

---

8. The full details are given in this file.

詳細はこのファイルに書いてあります。

---

9. This matter has been an open secret.

   ≫ an と open も連結します。

この件は、これまで公然の秘密であった。

---

10. When did you learn about it?

君はいつそれを知ったの。

 Let's Practice

Step 1 ⟩ 文を見ながら再度音声を聞き、リンキングを確認しましょう。

Step 2 ⟩ 納得できたら、録音の音声をまねて、文を音読してみましょう。

Step 3 ⟩ 文字を見ずに音声だけを聞いて、リピートしましょう。

動詞 S ／ Z 音リンキング

　S音またはZ音で終わる動詞に母音で始まる語が続くと、リンキングして、「サ」「スィ」「ス」「セ」「ソ」や「ザ」「ズィ」「ズ」「ゼ」「ゾ」に似た音に聞こえます。

MP3
113-123

》連結切り分けトレーニング

　以下の文を聞き、どのような動詞とどのような語がリンキングしているか、聞き取りましょう。

Example Dogs can sense it when their owners aren't feeling well.

1. Don't just 　　　　　 conveniently.
2. He easily 　　　　　 to social pressure.
3. He obviously has to 　　　　　 calorie intake.
4. Can you 　　　　　 proof of your age?
5. You should 　　　　　 any unnecessary words.
6. I can 　　　　　 in no time.
7. I know that tattoos 　　　　　 in Japan.
8. Rumor 　　　　　 that you are getting a promotion.
9. What does she 　　　　　 arguments on?
10. Why don't you 　　　　　 on our website?

 ヒント ··

S音・Z音で終わる動詞		後にリンキングしている語
advertise 広告する / base 基づかせる / cross 横切る / decrease 減らす / fix 直す / produce 提示する / raise 持ち上げる	＋	any / eyebrows 眉 / her / his / in / it / out *his, him, her は自然な会話ではhが落ち、母音始まりの語に近くなります。

✅トレーニングの解答と訳 ……………………………………………

| **Example** Dogs can sense it when their owners aren't feeling well. | イヌは、飼い主の具合が悪いのがわかる。 |

1. Don't just use him conveniently.
   ≫ Don't の t は聞こえません。

彼を単に便利に使わないで。

2. He easily gives in to social pressure.

   ≫ give in to ～で「～に屈する」。

彼は周囲からのプレッシャーに簡単に屈してしまう。

3. He obviously has to decrease his calorie intake.

彼は明らかに摂取カロリーを減らす必要がある。

4. Can you produce any proof of your age?

年齢を証明するものを何か見せてもらえますか。

5. You should cross out any unnecessary words.
   ≫ cross out で「取り消し線を引く」「削除する」。

不要な語は、すべて消すべきだと思います。

6. I can fix it in no time.
   ≫ in no time で「あっという間に」。

僕はそれすぐ直せるよ。

7. I know that tattoos raise eyebrows in Japan.
   ≫ raise eyebrows で「驚かれる、非難される」。

日本ではタトゥーには眉をひそめる人が多いのは知っています。

8. Rumor has it that you are getting a promotion.
   ≫ Rumor has it that ～で「うわさでは～だ」。

うわさによると、君は昇進するそうだよ。

9. What does she base her arguments on?

彼女は主張の根拠を何に置いているのだろう？

10. Why don't you advertise it on our website?

それを、うちのウェブサイトで広告したらどうですか。

◀ ˸Let's Practice

Step 1 〉 文を見ながら再度音声を聞き、リンキングを確認しましょう。

Step 2 〉 納得できたら、録音の音声をまねて、文を音読してみましょう。

Step 3 〉 文字を見ずに音声だけを聞いて、リピートしましょう。

動詞 SH ／ CH ／ GE 音リンキング

SH 音、CH 音、GE 音で終わる動詞に母音や半母音 y で始まる語が続くとリンキングして、それぞれ「シャ」「シ」「シュ」…、「チャ」「チ」「チュ」…、「ヂャ」「ヂ」「ヂュ」…に似た音に聞こえます。

MP3
124-134

> **連結切り分けトレーニング**

以下の文を聞き、どのような動詞とどのような語がリンキングしているか、聞き取りましょう。

Example Don't touch it, or you're going to damage it.

1. Don't worry. He is old enough to 　　　　　 alone.
2. Be sure to 　　　　　 family and friends.
3. Her draft is good, but she needs to 　　　　　 a bit.
4. I just didn't want to 　　　　　 hopes.
5. The store will 　　　　　.
6. Their stories didn't 　　　　　 with the evidence.
7. They are going to 　　　　　 advertising budget.
8. 　　　　　 for fake phone calls.
9. We need to 　　　　　 one of these days!
10. We should 　　　　　 imagination a bit.

 ヒント ....

SH 音・CH 音・GE 音で終わる動詞		後にリンキングしている語
cherish 慈しむ / dash 打ち砕く / manage うまく扱う / match 合う / polish 磨く / slash 切る・減らす / stretch 伸ばす	**+**	her / his / it / our / out / up / your *his, him, her は自然な会話では h が落ち、母音始まりの語に近くなります。

✅ トレーニングの解答と訳 ⋯⋯⋯⋯⋯⋯⋯⋯⋯⋯⋯⋯

Example Don't touch it, or you're going to damage it.	それ触らないで。破損するから。
1. Don't worry. He is old enough to manage it alone. ≫ old と enough も連結します。	心配ないよ。彼は、もう一人でやれる年齢さ。
2. Be sure to cherish your family and friends.	家族と友人を大切にするのを忘れずに。
3. Her draft is good, but she needs to polish it a bit.	彼女の草稿はいいけれど、少し推敲の必要があるね。
4. I just didn't want to dash her hopes. ≫ just の t は聞こえません。	ただ彼女の夢を砕きたくなかったんだ。
5. The store will exchange it. ≫ will と exchange も連結します。	それは店で交換できますよ。
6. Their stories didn't match up with the evidence. ≫ match up with 〜で「〜と調和する」。	彼らの話は証拠と整合しなかった。
7. They are going to slash our advertising budget.	彼らは我々の広告の予算を削ろうっていうんだ。
8. Watch out for fake phone calls.	ニセ電話に気をつけてね。
9. We need to catch up one of these days! ≫ catch up で「近況に追いつく→会って話す」。 one of の音は「ワナ」。	近いうちに会って近況報告し合おうね。
10. We should stretch our imagination a bit.	我々は少し想像力をたくましくすべきだね。

Let's Practice

Step 1 〉 文を見ながら再度音声を聞き、リンキングを確認しましょう。

Step 2 〉 納得できたら、録音の音声をまねて、文を音読してみましょう。

Step 3 〉 文字を見ずに音声だけを聞いて、リピートしましょう。

助動詞 T 音リンキング

T 音で終わる助動詞 must、might の後に母音で始まる語がリンキングするケースを練習しましょう。「タ」「ティ」「トゥ」「テ」「ト」に似た音が聞こえます。

> ## ▶連結切り分けトレーニング

MP3
135-145

以下の文を聞き、どのような助動詞とどのような語がリンキングして使われているか、聞き取りましょう。

Example They won't listen. You might as well talk to a wall.

1. I _____ that I was overreacting.
2. Life is short. You _____ it.
3. Then you _____, "Why me?"
4. Sometimes you _____ what you have learned.
5. Dream big and you never know what you _____.
6. This is something we _____ ask ourselves.
7. You _____ someone with experience.
8. You _____ to the terms and conditions to continue.
9. We _____ the doors of opportunity.
10. We _____ our people to walk through those doors.

●ヒント

T 音で終わる助動詞		後にリンキングしている語
might / must	+	achieve達成する / admit認める / agree同意する / all / ask / employ雇う / enjoy / equip備える / open / unlearn学習したものを忘れる

Example They won't listen. You might as well talk to a wall.

あいつらはこっちの話なんて聞く耳持たないよ。壁に向かって話すようなものさ。

» might as well 〜で「〜しても同じだ、〜するようなものだ」。

1. I must admit that I was overreacting.

私の過剰反応だったと認めざるを得ない。

» admit の t は聞こえません。

2. Life is short. You must enjoy it.

人生は短いよ。楽しまないと。

3. Then you might ask, "Why me?"

で、「なぜ自分なんだ」って思うかもね。

4. Sometimes you must unlearn what you have learned.

時には学習したことをまた忘れる必要もある。

» what と you で「ワチュー」と発音することもあります。

5. Dream big and you never know what you might achieve.

大きな夢を見れば、すごいことが実現しないとも限らない。

6. This is something we must all ask ourselves.

これは我々がみな自分に問わねばならないことだ。

» ask と ourselves もリンクします。

7. You must employ someone with experience.

経験のある人を雇わねばならないね。

8. You must agree to the terms and conditions to continue.

ここから先も続けるには、あなたは契約条件に同意せねばならない。

9. We must open the doors of opportunity.

我々は機会の扉を開けねばならない。

10. We must equip our people to walk through those doors.

我々は国民がその扉を通っていけるように備えさせねばならない。

» 9 と 10 がセットで 米国第 36 代大統領 Lyndon Johnson の言葉。

◀ Let's Practice

Step 1 〉文を見ながら再度音声を聞き、リンキングを確認しましょう。

Step 2 〉納得できたら、録音の音声をまねて、文を音読してみましょう。

Step 3 〉文字を見ずに音声だけを聞いて、リピートしましょう。

助動詞 D 音リンキング

D 音で終わる助動詞 should などの後に母音で始まる語がリンキングする
ケースを練習しましょう。「ダ」「ディ」「ドゥ」「デ」「ド」に似た音が聞こえ
ます。

MP3
146-156

▶連結切り分けトレーニング

以下の文を聞き、どのような助動詞とどのような語がリンキングして使わ
れているか、聞き取りましょう。

Example He was the tallest man I had ever seen in person.

1. He   work on his computer late into the night.
2. His words   be interpreted as constructive.
3. I think you   for the position. You are well qualified.
4. I was so happy to meet the man I   admired.
5. If he continues to live like this, he   up in jail.
6. It was obvious that he   more than anyone else.
7.   be kept in zoos?
8. The boy   and subtract, but hadn't learned to divide.
9. You   be kind to people in need.
10. You   that your password is difficult to crack.

●ヒント

D 音で終わる助動詞		後にリンキングしている語
could / had / should / would	+	achieved 成し遂げた / add 加える / always / animals / apply 応募する / end / ensure 確実にする / equally 同様に / often

✔ トレーニングの解答と訳 ··

Example He was the tallest man I had ever seen in person.
>> seen と in は連結します。

彼は、私が直接見た中で最も長身の男だった。

---

1. He would often work on his computer late into the night.

彼はよく夜遅くまでコンピューターに向かって仕事をしていた。

---

2. His words could equally be interpreted as constructive.

彼の言葉は建設的なものだと解釈することも同様に可能だ。

---

3. I think you should apply for the position. You are well qualified.

君は、そのポストに応募するべきだと思う。資格は十分あるよ。

---

4. I was so happy to meet the man I had always admired.
>> man と I も連結します。

ずっと憧れていた人に会えて本当にうれしかった。

---

5. If he continues to live like this, he could end up in jail.

彼、こんな生き方を続けていたら、手が後ろに回りかねないよ。

---

6. It was obvious that he had achieved more than anyone else.

彼がほかの誰よりも業績を上げたのは明らかだった。

---

7. Should animals be kept in zoos?
>> kept の p は聞こえません。kept と in は連結し keptin のように聞こえます。

動物は動物園で飼われるべきものだろうか。

---

8. The boy could add and subtract, but he hadn't learned to divide.

少年は足し算と引き算はできたが、割り算はまだ習っていなかった。

---

9. You should always be kind to people in need.
>> kind の d は聞こえません。 people と in は連結します。

困窮している人には常に親切であれ。

---

10. You should ensure that your password is difficult to crack.

パスワードは必ず見破られにくいものになっているようにすべきだ。

 Let's Practice

Step 1	文を見ながら再度音声を聞き、リンキングを確認しましょう。
Step 2	納得できたら、録音の音声をまねて、文を音読してみましょう。
Step 3	文字を見ずに音声だけを聞いて、リピートしましょう。

助動詞 N 音リンキング

助動詞の中でも N 音で終わる **can には注意**が必要です。N は決して「ン」ではなく「ンﾇ」だからです。後に母音が続くとリンキングして、「**ナ**」「**ニ**」「**ヌ**」「**ネ**」「**ノ**」に似た音が現れます。

MP3
157-167

▶連結切り分けトレーニング

以下の文を聞き、助動詞 can とどのような語がリンキングして使われているか、聞き取りましょう。

Example I can absolutely not live without games.

1. Do you think I　　　　　　　for this post?
2. E-mail me so I　　　　　　　you to the list.
3. 　　　　　　　think about the future?
4. I　　　　　　　that you will be satisfied.
5. I　　　　　　　how difficult it is.
6. Reading good books　　　　　　your mind.
7. That comedian　　　　　　almost anything, including insects.
8. Viruses　　　　　　to vaccines in months.
9. You　　　　　　count on me.
10. Your diet　　　　　　affect your eyesight.

●ヒント

N 音で終わる助動詞		後にリンキングしている語
can	+	absolutely 絶対に / adapt 適応する / add 加える / always / animals / apply 応募する / eat / ensure 保証する / even / expand 広げる / imagine 想像する

✅ トレーニングの解答と訳

Example I can absolutely not live without games.	私はゲームなしでは絶対に生きられません。
≫ without の t は聞こえません。	

---

1. Do you think I can apply for this post?

私がこの職に応募できると思いますか。

---

2. E-mail me so I can add you to the list.

あなたをそのリストに加えられるようにメール送ってください。

≫ add と you は連結します。

---

3. Can animals think about the future?

動物は未来について考えることができるだろうか。

≫ about の t は聞こえません。

---

4. I can ensure that you will be satisfied.

お客様には必ず満足していただけると保証できます。

---

5. I can imagine how difficult it is.

それがいかに難しいかは想像できます。

---

6. Reading good books can expand your mind.

読書はものの見方を広げてくれる。

---

7. That comedian can eat almost anything, including insects.

あの芸人は昆虫も含め、ほぼ何でも食べられる。

≫ almost と anything は連結します。

---

8. Viruses can adapt to vaccines in months.

ウイルスは数カ月でワクチンに適応することができる。

---

9. You can always count on me.

私をいつでも頼りにしてくれていいですよ。

≫ count on ～で「～を頼りにする」

---

10. Your diet can even affect your eyesight.

食べる物は視力にさえ影響を及ぼすことがあります。

◀ Let's Practice

Step 1 〉 文を見ながら再度音声を聞き、リンキングを確認しましょう。

Step 2 〉 納得できたら、録音の音声をまねて、文を音読してみましょう。

Step 3 〉 文字を見ずに音声だけを聞いて、リピートしましょう。

助動詞 L 音リンキング

　助動詞の場合でも、**L 音で終わる助動詞** will に母音で始まる語が続くと、はっきりした「**L ア**」「**L イ**」「**L ウ**」「**L エ**」「**L オ**」のような音が聞こえます（L 音とはどういう音かについては、Lesson 41 を参照してください）。

▶連結切り分けトレーニング

MP3
168-178

　以下の文を聞き、助動詞 will とどのような語がリンキングして使われているか、聞き取りましょう。

Example Our new store will open soon.

1. I believe they ＿＿＿＿＿＿ our intention.
2. I ＿＿＿＿＿ that things get better.
3. ＿＿＿＿＿ remember the day we first met.
4. They say he ＿＿＿＿＿ become the prime minister.
5. She ＿＿＿＿＿ you about your legal rights.
6. The new rule ＿＿＿＿＿ starting April 1st.
7. They ＿＿＿＿＿ that things are under control.
8. They ＿＿＿＿＿ tell a complete lie.
9. This machine ＿＿＿＿＿ shut down.
10. We need a room that ＿＿＿＿＿ 20 people.

●ヒント

L 音で終わる助動詞		後にリンキングしている語
will	+	accommodate 収容する / advise / also / always / apply 適用する / automatically 自動的に / emphasize 強調する / ensure 保証する / even / eventually 最終的に / open / understand

✔️トレーニングの解答と訳 ···

| Example | Our new store will open soon. | 新店舗がまもなくオープンします。 |

1. I believe they will understand our intention.

先方は我々の意図を理解してくれると信じる。

》understand は our とリンキングします。

2. I will ensure that things get better.

状況が改善することに私が責任を持ちますよ。

》things で（漠然とした、話題になっている）「状況」。

3. I'll always remember the day we first met.

私たちが最初に出会った日のことを私はずっと覚えているでしょう。

4. They say he will eventually become the prime minister.

彼は最終的には首相になるだろうと言われている。

》prime の m は聞こえません。

5. She will advise you about your legal rights.

彼女はあなたの法律上の権利について助言をしてくれます。

6. The new rule will apply starting April 1st.

新しい規則は4月1日から適用されます。

7. They will emphasize that things are under control.

彼らは状況がコントロールできていると強調するだろう。

8. They will even tell a complete lie.

彼らは真っ赤なうそさえつくだろう。

9. This machine will automatically shut down.

この機械は自動的に停止します。

》shut down の t は聞こえません。

10. We need a room that will accommodate 20 people.

20人が入れる部屋が必要です。

◀️⏳Let's Practice

Step 1	文を見ながら再度音声を聞き、リンキングを確認しましょう。
Step 2	納得できたら、録音の音声をまねて、文を音読してみましょう。
Step 3	文字を見ずに音声だけを聞いて、リピートしましょう。

助動詞 M 音リンキング

M 音で終わる前置詞 from に母音で始まる語が続くと、リンキングして、「マ」「ミ」「ム」「メ」「モ」に似た音に聞こえます。from は文の中ではしばしば**弱く**、**軽く**発音されます。

> ### ▶連結切り分けトレーニング

MP3 179-189

以下の文を聞き、前置詞 from とどのような語がリンキングして使われているか、聞き取りましょう。

Example From a distance, she looks a bit like Audrey Hepburn.

1. Don't give in to the pressure　　　　　　.
2. He inherited a business　　　　　 father.
3. Tax is deducted　　　　　 salary.
4. She differs　　　　　 sister in the color of her eyes.
5. In 1776, the colonies declared their independence　　　　　.
6. The locals are not opposing the plant. Far　　　　　.
7. This is a little something　　　　　 of us.
8. We just obey orders　　　　　.
9. What can be inferred　　　　　?
10. Will the next CEO come　　　　　 the company?

▶ヒント ....

L音で終わる助動詞		後にリンキングしている語
from	+	a / above / all / England / her / his / inside / it / others / your *his, him, her は自然な会話では h が落ち、母音始まりの語に近くなります。

✅トレーニングの解答と訳 ·····

Example From a distance, she looks a bit like Audrey Hepburn.	遠くから見ると、彼女はちょっとオードリー・ヘップバーンに似ている。

1. Don't give in to the pressure from others.
   ≫ give in で「屈する」「譲る」。

他人からのプレッシャーに屈してはいけない。

2. He inherited a business from his father.

彼は父親から事業を受け継いだ。

3. Tax is deducted from your salary.

あなたの給料からは税金が引かれます。

4. She differs from her sister in the color of her eyes.

彼女は姉とは目の色が違う。

5. In 1776, the colonies declared their independence from England.

1776 年に植民地はイギリスからの独立を宣言した。

6. The locals are not opposing the plant. Far from it.
   ≫ Far from it で「むしろその正反対である」。

地元住民は、その計画に反対していない。むしろ逆である。

7. This is a little something from all of us.
   ≫ ちょっとした贈り物をするときの表現。

これは私たち全員からの気持ちです。

8. We just obey orders from above.

私たちは、ただ上からの命令に従うだけだ。

9. What can be inferred from it?
   ≫ what の t は聞こえません。

それから何が推測できるだろう？

10. Will the next CEO come from inside the company?

次の社長は、社内から出るのだろうか。

🔊 Let's Practice

Step 1	文を見ながら再度音声を聞き、リンキングを確認しましょう。
Step 2	納得できたら、録音の音声をまねて、文を音読してみましょう。
Step 3	文字を見ずに音声だけを聞いて、リピートしましょう。

第1章

前置詞 V 音リンキング

V音で終わる前置詞の後に、母音などで始まる語が来たときのリンキングに慣れましょう。V音の後に「ア」「イ」「ウ」「エ」「オ」が来ると、「**ヴァ**」「**ヴィ**」「**ヴゥ**」「**ヴェ**」「**ヴォ**」に似た音に聞こえます。

MP3
190-200

▶連結切り分けトレーニング

以下の文を聞き、どのような前置詞とどのような語がリンキングしているか、聞き取りましょう。

Example Some people take water for granted and waste a lot of it.

1. It's none   business who I am dating.
2. She was the love   life.
3. None   was present when the decision was made.
4.   the respondents, 63% were against the exhibition.
5. That's a violation of freedom   .
6. She values integrity   else.
7. Her test results were well   .
8. These responsibilities were   pay grade.
9. Your devotion is   beyond the call of duty.
10. A big advantage   tablet computer is its portability.

●ヒント ......

V音で終わる前置詞		後にリンキングしている語
above / of	+	a / all / and / assembly 集会 / average 平均 / his / us / your *his は自然な会話では h が落ち、母音始まりの語に近くなります。

✔ トレーニングの解答と訳

Example Some people take water for granted and waste a lot of it.

水はあるのが当たり前とばかり大量に無駄にする人もいる。

1. It's none of your business who I am dating.

私が誰と付き合おうが、あなたには関係ありません。

2. She was the love of his life.

彼女は彼にとって、生涯愛した女性だった。

≫ the love of one's life で「生涯にわたって愛する相手」。

3. None of us was present when the decision was made

その決定がなされたとき、我々の誰もその場にはいなかった。

4. Of all the respondents, 63% were against the exhibition.

全回答者のうち、63 パーセントがその展示に反対だった。

5. That's a violation of freedom of assembly.

それは集会の自由の侵害である。

≫ violation と of も連結します。

6. She values integrity above all else.

彼女は、ほかの何よりも誠実さを大切にしている。

7. Her test results were well above average.

彼女の試験結果は、平均をずいぶん上回っていた。

8. These responsibilities were above his pay grade.

それらの職務は、彼の賃金等級を超えるものだった。

9. Your devotion is above and beyond the call of duty.

あなたの献身的な仕事ぶりは、職務の範囲を超越しています。

≫ beyond the call of duty は決まった表現。

10. A big advantage of a tablet computer is its portability.

タブレット PC の大きな利点は、その携帯のしやすさだ。

Let's Practice

Step 1 〉 文を見ながら再度音声を聞き、リンキングを確認しましょう。

Step 2 〉 納得できたら、録音の音声をまねて、文を音読してみましょう。

Step 3 〉 文字を見ずに音声だけを聞いて、リピートしましょう。

前置詞 T 音リンキング

T 音で終わる前置詞の後に母音などで始まる語が来ると、「タ」「ティ」「トゥ」「テ」「ト」に似た音になるのが基本ですが、T 音が変化して「ラ」「リ」「ル」「レ」「ロ」のようになることも、かなりよくあります。

MP3
201-211

▶連結切り分けトレーニング

以下の文を聞き、どのような前置詞とどのような語がリンキングしているか、聞き取りましょう。

Example Dogs should be kept on their leads at all times.

1. Sally is very fussy　　　　　looks.
2. She can't go out　　　　　glasses.
3. We must avoid a scandal　　　　　costs.
4. Be patient. I'll tell you　　　　　appropriate time.
5. Don't worry　　　　　. We'll join you later.
6. There is something　　　　　that irritates me.
7. We can't take him　　　　　parents' consent.
8. I'm always ill　　　　　when facing my stepfather.
9. When I looked　　　　　, I instantly knew something was wrong.
10. 　　　　　expertise, this project wouldn't succeed.

●ヒント

T 音で終わる前置詞		後にリンキングしている語
about / at / without	+	all / an / ease / her / his / it *his, her は自然な会話では h が落ち、母音始まりの語に近くなります。

✅トレーニングの解答と訳

Example Dogs should be kept on their leads at all times.	イヌはつねにリードにつないでおかなければならない。
1. Sally is very fussy about her looks.	サリーは自分の外見について非常に気を遣っている。
2. She can't go out without her glasses.	彼女はメガネなしでは外出できない。
3. We must avoid a scandal at all costs.	どんなことをしてでもスキャンダルは避けねばならない。
4. Be patient. I'll tell you at an appropriate time.	焦るなよ。適当な時期が来たら教えてやるから。
5. Don't worry about us. We'll join you later.	私たちのことはご心配なく。後で追いつきますから。
6. There is something about her that irritates me.	彼女には、どこかイラッとさせられるところがあるな。
7. We can't take him without his parents' consent.	ご両親の同意がなければ、あの子を連れて行くことはできません。
8. I'm always ill at ease when facing my stepfather.	私は継父の前に出ると、いつも気詰まりに感じます。
9. When I looked at it, I instantly knew something was wrong.	それを見たとき、すぐに何かがおかしいとわかりました。
10. Without his expertise, this project wouldn't succeed.	彼の専門知識なしでは、このプロジェクトの成功はありません。

▶ Let's Practice

Step 1 〉文を見ながら再度音声を聞き、リンキングを確認しましょう。

Step 2 〉納得できたら、録音の音声をまねて、文を音読してみましょう。

Step 3 〉文字を見ずに音声だけを聞いて、リピートしましょう。

前置詞 N 音リンキング

　N 音のリンキングは前置詞にも大いに関わっています。in や on など N 音で終わる前置詞が後続の母音などとリンクしたときの、「ナ」「ニ」「ヌ」「ネ」「ノ」への変化に十分に慣れましょう。

MP3
212-222

> **連結切り分けトレーニング**

　以下の文を聞き、どのような前置詞とどのような語がリンキングしているか、聞き取りましょう。

Example She was obviously in a bad mood that day.

1. He knows about it better _____ else.

2. His property was divided _____ children.

3. I'm supposed to be _____ diet. I'd better not have another piece of cake.

4. _____ , men still earn more than women.

5. On that topic, she could talk for hours _____ .

6. She's been _____ out of the hospital for years.

7. The book says, _____ nutshell, that the government is rotten to the core.

8. The internet is neither good nor bad _____ of itself.

9. There's some misunderstanding _____ .

10. Data must be collected _____ planned and organized manner.

● ヒント ･･･

N 音で終わる前置詞		後にリンキングしている語
between / in / on	+	a / and / anyone / average / end / his / us *his は自然な会話では h が落ち、母音始まりの語に近くなります。

Example	She was obviously in a bad mood that day.	その日、彼女は明らかに不機嫌だった。

1. He knows about it better than anyone else.

   それについては、彼は誰よりもよくわかっている。

2. His property was divided between his children.

   彼の財産は子どもたちの間で分割された。

3. I'm supposed to be on a diet. I'd better not have another piece of cake.

   一応ダイエット中なので、もう一つのケーキは我慢しておきます。

   ≫ piece of は「ピーサ」のように聞こえることがあります。

4. On average, men still earn more than women.

   平均すると、いまだに男性の方が女性よりも稼ぎが多い。

5. On that topic, she could talk for hours on end.

   その話題については、彼女は何時間も続けて語れます。

   ≫ that の th は on の n に影響されて N 音に近くなります。on end で「続けて」。

6. She's been in and out of the hospital for years.

   彼女は何年も入退院を繰り返してきた。

7. The book says, in a nutshell, that the government is rotten to the core.

   この本の要点を簡単に言うと、政府は芯まで腐っているということだ。

8. The internet is neither good nor bad in and of itself.

   インターネットは、それ自体は善でも悪でもない。

   ≫ good の d は聞こえません。

9. There's some misunderstanding between us.

   私たちの間には何か誤解があるようだ。

10. Data must be collected in a planned and organized manner.

    データは計画的かつ整理された方法で収集しなければならない。

◀ Let's Practice

Step 1〉 文を見ながら再度音声を聞き、リンキングを確認しましょう。

Step 2〉 納得できたら、録音の音声をまねて、文を音読してみましょう。

Step 3〉 文字を見ずに音声だけを聞いて、リピートしましょう。

いろいろ N 音リンキング

さらにいろいろな N 音リンキングに慣れましょう。N 音で終わる語には、いつでも注意が必要です。

MP3
223-233

▶連結切り分けトレーニング

以下の文を聞き、どのような語とどのような語がリンキングしているか、聞き取りましょう。

Example Men and women are different but equal.

1. _____ error occurred.
2. She's _____ in her field.
3. _____ amount was wasted.
4. A higher _____ appropriate for this offense.
5. _____ seven children lives in a state of poverty.
6. That would be _____ solution.
7. The _____ greater than the loss.
8. There's _____ payment option.
9. We have to put _____ to this situation.
10. My boyfriend and I have been dating _____ off for about three years.

●ヒント ···

N 音で終わる前置詞		後にリンキングしている語
an / fine / gain / men / on / one	**+**	and / end / enormous 巨大な / expert 専門家 / ideal 理想的な / in / is / online オンラインの / unknown 未知の

✅ トレーニングの解答と訳 ⋯⋯⋯⋯⋯⋯⋯⋯⋯⋯

Example Men and women are different but equal.

男女は異なるが平等である。

1. An unknown error occurred.

性質不明の誤りが起こった。

2. She's an expert in that field.

彼女はその分野の専門家だ。

　≫ that の th は in の N 音に引きずられて N 化します。

3. An enormous amount was wasted.

莫大な量が浪費された。

　≫ wasted の最後の d はほぼ聞こえません。

4. A higher fine is appropriate for this offense.

この違反には、より高額な罰金が妥当だ。

5. One in seven children lives in a state of poverty.

7 人に 1 人の子どもが貧困の状態にある。

6. That would be an ideal solution.

それは理想的な解決策となるだろう。

　≫ would の d は聞こえません。

7. The gain is greater than the loss.

利益の方が損失より大きい。

8. There's an online payment option.

オンラインで支払うオプションがあります。

9. We have to put an end to this situation.

この状況は終わらせなければならない。

　≫ end の d は聞こえません。

10. My boyfriend and I have been dating on and off for about three years.

彼とはこの 3 年くらいは、断続的にデートしたり会わなくなったり、という関係が続いているの。

　≫ and の d は脱落し、off とは N 音でリンクするので、on and off が「オナノフ」のように聞こえます。

🔊 Let's Practice

Step 1	文を見ながら再度音声を聞き、リンキングを確認しましょう。
Step 2	納得できたら、録音の音声をまねて、文を音読してみましょう。
Step 3	文字を見ずに音声だけを聞いて、リピートしましょう。

いろいろＬ音リンキング

　Ｌ音で終わる語の後に母音で始まる語が来て、「**Ｌ ア**」「**Ｌ イ**」「**Ｌ ウ**」「**Ｌ エ**」「**Ｌ オ**」のような音が聞こえるさまざまな連結に慣れましょう（Ｌ音とはどういう音かについては、Lesson 41 を参照してください）。

MP3
234-244

▶連結切り分けトレーニング

　以下の文を聞き、どのような語とどのような語がリンキングしているか、聞き取りましょう。

Example I woke up in the middle of the night.

1. I'm in the ＿＿＿＿＿＿ business.
2. We are wasting a great ＿＿＿＿＿＿ food.
3. Be sure to take ＿＿＿＿＿＿ belongings with you.
4. You should plan ＿＿＿＿＿＿ advance.
5. There's a ＿＿＿＿＿＿ things to remember.
6. The age of retirement for ＿＿＿＿＿＿ is 60.
7. There are ＿＿＿＿＿＿ involved.
8. Unplug ＿＿＿＿＿＿ during blackouts.
9. What ＿＿＿＿＿＿ are used to produce this?
10. They're taking a hard stance against ＿＿＿＿＿＿.

●ヒント

Ｌ音で終わる前置詞
all / chemical 化学的 / couple / deal 量 / electrical 電気の / ethical 倫理的な / illegal 非合法の / middle / real / well

＋

後にリンキングしている語
additives 添加物 / aliens 外国人 / appliances 器具 / employees 従業員 / estate 財産 / in / issues 問題 / of / your

✔トレーニングの解答と訳 ·········

Example I woke up in the middle of the night.

私は真夜中に目を覚ました。

≫ woke up in で「ウォウカッピン」のように聞こえます。

---

1. I'm in the real estate business.

私は不動産業に従事しています。

---

2. We are wasting a great deal of food.

私たちは大量の食品を無駄にしている。

≫ great の t は聞こえません。of と food が連結すると of の f は聞こえません。

---

3. Be sure to take all your belongings with you.

ご自分の荷物をすべてお忘れなくお持ちください。

---

4. You should plan well in advance.

あなたは時間的に十分な余裕を持って準備をすべきだ。

≫ in と advance も N でリンクします。

---

5. There's a couple of things to remember.

いくつか覚えておくべきことがあります。

≫口語では複数形の主語でも There's の方が好まれます。

---

6. The age of retirement for all employees is 60.

全従業員とも定年退職の年齢は 60 です。

---

7. There are ethical issues involved.

倫理的な問題が関わっています。

≫ issues と involved も Z 音でリンクします。

---

8. Unplug electrical appliances during blackouts.

停電時には、電化製品のプラグは抜いてください。

---

9. What chemical additives are used to produce this?

これを製造する際に、どのような化学的添加物が使われているのか。

≫ what の t は聞こえません。

---

10. They're taking a hard stance against illegal aliens.

彼らは不法入国者に対して厳しい姿勢で臨んでいる。

◀ Let's Practice

Step 1〉 文を見ながら再度音声を聞き、リンキングを確認しましょう。

Step 2〉 納得できたら、録音の音声をまねて、文を音読してみましょう。

Step 3〉 文字を見ずに音声だけを聞いて、リピートしましょう。

リスニングでは
後戻りできない

　リーディングにはあってリスニングにはないもの。その一つはすでに指摘した「単語と単語の間の明確な区切り」です。さらにもう一つ重要な点があります。それは「後戻りできる余地」です。

　リーディングで相手にするのは目の前に固定されている文字列です。読んでいて「ん？」と思えば、視点を後戻りさせて前の部分を再度読んで理解を修正あるいは深めることも可能です。極端な場合、決して望ましいことではありませんが、漢文でレ点を頼りに読んだように、英文を日本語の語順に合うように戻り読みすることもできてしまいます。

　しかしリスニングで相手にするのは、生まれるそばから消えてゆく、はかない音声です。当然、リーディングの時のような「後戻り」などはできません。リーディングにおいて読み手にあるような主導権は、リスニングにおける聞き手にはないのです。リスニングでの主導権は音声を送出している側（話し手）にあるのです。つまりそれは、「聞き手は音声が耳から入ってくるそのままの順番で意味を理解・処理していく以外にない」ということを意味します。

　したがって英語の語順のまま頭から理解してゆく「直読直解」がリーディングで重要である以上に、「直聴直解」がリスニングにおいては重要です。逆に言うと、英語が耳から入ってくる順番に理解しようという姿勢がないと、英語リスニングは永遠に上達しません。そのまま英語の語順で、チャンク（意味のかたまり）ごとに、

「だれが」→「どうした」→「何を」→「どこで」→「いつ」

と頭に入れていき、文の最後にたどり着いた瞬間に「なるほど」と納得する、そういう聞き方をすることに努めましょう。そしてリーディングの時にもできる限りそのような読み方をしましょう。そうすればその「英語を頭から理解する力」がきっとリスニングにも及んでいくはずです。

子音＋子音の リンキングを 切り分ける

　第1章の冒頭で、日本語ネイティブから見ると、英語は書かれているスペリングのイメージと実際に聞いたときの音声イメージのギャップがあることの多い言語だと述べました。そしてそのギャップは多くの場合、「閉鎖音」、その中でも特にtの音（T音）に関連して起こります。

　ということはすなわち、閉鎖音に関連する音声現象、特に**T音のバリエーションに習熟すること**が、日本語ネイティブが英語のリスニングを克服するための大きな鍵だということになります。

■ 閉鎖音って何？

　閉鎖音（stop）とは、文字どおり、発音器官のどこかをいったん閉鎖して息の流れを止める音のことです。具体的にはp、b、t、d、k、gです。pとbは上唇と下唇を閉じて、tとdは舌先を歯ぐきに当てて、kとgは舌の後部を口の中の天井の後部（軟口蓋という場所）に当てて、肺からの呼気の流れをいったんせき止めます。これは日本語でも同じことなので、パ（pa）、バ（ba）、タ（ta）、ダ（da）、カ（ka）、ガ（ga）と発音してみて、上の3カ所の「閉鎖」を感じてみてください。

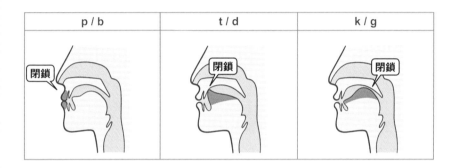

p / b	t / d	k / g
閉鎖	閉鎖	閉鎖

■ 閉鎖音は、普通は破裂もする

　さて、パ（pa）、バ（ba）、タ（ta）、ダ（da）、カ（ka）、ガ（ga）と発音したとき、唇あるいは舌を使って息の流れをいったん「閉鎖」した後、それを勢いよく「開放」することで息の流れを「破裂」させたのを感じたと思います。つまり閉鎖したらすぐに破裂させるのが基本であるため、閉鎖音は別名「破裂音」（plosive）とも呼ばれます。

　タ（ta）を例にとりましょう。まずtの部分で舌先を歯ぐきに接触させることで閉鎖します。その状態を保持したまま肺から空気を口の中に送り込むことで口内の気圧を上昇させます。次に両唇を勢いよく離すことで破裂を起こし、それとほぼ同時に開いた口から声（ここでは母音の「ア」）を出します。以上の一連の流れが、一瞬のうちに起こります。

普通の閉鎖音：閉鎖 → 保持 → 破裂（ここで音が聞こえる）

　閉鎖音の後には母音が来るのが原則となっている日本語では、閉鎖音は必ずといっていいほど破裂します。ですから基本的には、その音はよく聞こえます。

■ 破裂しない閉鎖音もある

　しかし英語の場合は閉鎖音がそのまま破裂音にならない場合がかなりあります。閉鎖音として「閉鎖」だけ行い、**破裂はせずに終わる**のです。T音で言うならば、通常のtと同じく舌先を歯ぐきに当てて閉鎖を作った段階で終わるのです。例えばitという単語を発音するとき、i（イ）を言った後にtの形に舌先で歯ぐきを触った状態で終わる、ということです。やってみてください。「イッ(t)」という感じですね。こうするとtの部分は聞こえなくなります。

破裂しない閉鎖音：閉鎖 → 保持だけで破裂なし（音は聞こえない）

　ここで気をつけたいのは、聞こえないからと言って必ずしも**「脱落」しているとは限らない**ということです。閉鎖しているのですから、立派な閉鎖音として存在しています。発音の解説書の中には、安易に「脱落する」という表現をするものも多いのですが、本書はその立場をとりません（ただし、ぞんざいな発音をした場合、実際に「脱落」しているケースもあります）。

■ いつ破裂して、いつ破裂しないの？

　ではこのような「破裂しない閉鎖音」はどのような場合に現れるのでしょうか。それは、**後に母音が続かない**場合です。すなわち、(1) 後に子音が続く場合および、(2) 文の最後やフレーズの切れ目です。

　整理すると、閉鎖音の後に母音が来るときはよく聞こえ、子音が来るとよく聞こえないのが原則です（この「よく聞こえる閉鎖音」を第1章でたくさん練習しました）。

閉鎖音の後に	・母音が続く	→ 閉鎖音はよく聞こえる
	・子音が続く ・空白が続く	→ 閉鎖音はよく聞こえない

■ 再び Let It Go について

例えば、Let it go. の go の代わりに、**母音**で始まる out を使った Let it out.（言っちゃいなさいよ）なら、「レリラウ」と、it の t はラ行音として聞こえるようになりますが、最後の out の t は文末なので聞こえません。一方、同じ Let でも後に it ではなく、**子音**（m）で始まる me が来て Let me go.（私を離してよ）なら、「レミゴウ」と、Let の t は聞こえなくなります。

Let me go も Let it out も、そのようなタイトルの楽曲があり、サビ部分で "Let me go." "Let it out." という歌詞があるので、機会があったら確認してみてください。

■ 閉鎖音＋閉鎖音

破裂音が破裂しない傾向が特に強いのは、まずは**その後に続く子音もまた閉鎖音**（p、t、k、b、d、g）である場合です。まったく同一の閉鎖音が2つ連続する場合が最もその傾向が強いのですが、別の閉鎖音同士でも通常そのようになります。次の例で、確認してみてください。

MP3
245

(1) what time	T音 + T音	→ 最初のT音は聞こえない
(2) hard disk	D音 + D音	→ 最初のD音は聞こえない
(3) keep pets	P音 + P音	→ 最初のP音は聞こえない
(4) look good	K音 + G音	→ K音は聞こえない
(5) seat belt	T音 + B音	→ T音は聞こえない
(6) kick back	K音 + B音	→ K音は聞こえにない
(7) soup dish	P音 + D音	→ P音は聞こえない
(8) back pain	K音 + P音	→ K音は聞こえない

■ 閉鎖音＋鼻音

　破裂音が破裂しないもう１つの場合は、後に**鼻音**（m、n）が続く場合です。鼻音というのは鼻から声を出す音ですが、口の通り道は閉鎖するという点において、閉鎖音に近く、普通の閉鎖音と似た振る舞いをすることが多いのです。特にＴやＤの後にＮ、ＰやＢの後にＭが来ると調音点（発音する口の中の場所）が同じなので、Ｔ、Ｄ、Ｐ、Ｂの音は破裂せず、聞こえなくなります。

(1) not necessarily	Ｔ音	＋	Ｎ音	→	Ｔ音は聞こえない
(2) around noon	Ｄ音	＋	Ｎ音	→	Ｄ音は聞こえない
(3) red nose	Ｄ音	＋	Ｎ音	→	Ｄ音は聞こえない
(4) rap music	Ｐ音	＋	Ｍ音	→	Ｐ音は聞こえない
(5) club member	Ｂ音	＋	Ｍ音	→	Ｂ音は聞こえない
(6) get me	Ｔ音	＋	Ｍ音	→	Ｔ音はほぼ聞こえない
(7) bold man	Ｄ音	＋	Ｍ音	→	Ｄ音はほぼ聞こえない

MP3
246

第2章

■ 呑み込む閉鎖音

　もう１つ、やや異なるケースがあります。Ｔ音の後に特にＷ音（例：it was）やＲ音（例：not really）、Ｙ音（not yet）が来る場合などに、Ｔ音の箇所で舌先をまったく使わないことがあるのです。どうするかというと、喉の奥（＝声帯）を「キュッ」と閉めることで、Ｔ音としてしまうのです（音声学では「**声門閉鎖**」と呼びます）。平たく表現すると音を「**呑み込んでしまう**」という感覚です。さらには完全に脱落してしまうこともあります。こうなるとＴは音としてはまったく聞こえなくなります。

(1) that was	T 音 + W 音	→ T 音は聞こえない（ことも多い）
(2) not yet	T 音 + Y 音	→ T 音は聞こえない（ことも多い）
(3) good reason	D 音 + R 音	→ D 音は聞こえない（ことも多い）
(4) Not really.	T 音 + R 音	→ T 音は聞こえない（ことも多い）

この呑み込む閉鎖音は、後に空白が来る（＝つまりそこで文が終わる）場合にも使われます。

(5) Stop it!	it の t で文が終わっている	→ s タペッ！
(6) What?	what の t で文が終わっている	→ ワッ？

■ **吸収される閉鎖音**

　さらに閉鎖音が、**後の音に影響されて変化**する結果、聞こえなくなるケースもあります（「逆行同化」と呼びます）。例えば T 音の後に TH 音が来ると、T が TH に**吸収されて**聞こえません（TH 音がどういう音かについては、Lesson 43 を参照してください）。「吸収される」とは、T 音を発音する位置が TH に引っ張られて変化するということです。通常の T は舌先を歯ぐきに当てて発音しますが、TH は舌先を歯に当てて発音します。T の後に TH が来る場合、T の時点で舌先を歯に持っていってしまうということです。

例：but then 　　T 音 + TH 音 　　→ T 音は聞こえない（ことも多い）

■ **まとめ**

　閉鎖音が聞こえなくなる場合をまとめておきましょう。

(1)「**閉鎖音＋閉鎖音**」の連結では、最初の閉鎖音は聞こえない。

(2)「**閉鎖音＋鼻音**」の連結でも、最初の閉鎖音は聞こえない。

(3)「**閉鎖音 T ＋ W ／ R ／ Y**」の連結では、T が聞こえない（ことも多い）。

(4) 文やフレーズの**最後が閉鎖音**だと聞こえない（ことも多い）。

　そこで、この章では、単語と単語のリンキングの中で、子音で終わる語の後に子音で始まる語が続くケースの音の変化に慣れる練習をしましょう。こ

れは、

「**子音1＋子音2**」の場合、子音1が聞こえなくなる

というリンキングです。

動詞 T 音 ＋ to

　T音で終わる動詞の後に同じく T 音で始まる to が来ると、2 つの T が 1 つになり、あたかも動詞の最後の**T 音が脱落した**かのように聞こえます。

> **▶連結切り分けトレーニング**
> MP3
> 248-258
>
> 　以下の文を聞き、どのような語と to がリンキングしているか、聞き取りましょう。
>
> **Example** Don't forget to turn off the computer.
>
> 1.　Where did you two ＿＿＿＿＿ each other?
> 2.　I was ＿＿＿＿＿ an opening address.
> 3.　Don't ＿＿＿＿＿ before you can walk.
> 4.　Every member should ＿＿＿＿＿ discussion.
> 5.　There's no reason for us to ＿＿＿＿＿ plan.
> 6.　He ＿＿＿＿＿ of himself as an entrepreneur.
> 7.　All our naan breads are ＿＿＿＿＿.
> 8.　The men were arrested but not ＿＿＿＿＿.
> 9.　You've got to ＿＿＿＿＿ by 9:00.
> 10.　I ＿＿＿＿＿ you this, but you're wearing it inside out.

▶ヒント

T 音で終わる動詞
asked / attempt 試みる / baked / brought / contribute 貢献する / get / hate / object 反対する / ought / report

＋

to の後に続く語
give / know / order / run / tell / the / think / trial / work

Example Don't forget to turn off the computer. » turn と off はリンキングします。	コンピューターの電源を切るのを忘れずにね。
1. Where did you two get to know each other?	2 人はどこで知り合ったの？
2. I was asked to give an opening address. » asked の k は聞こえなくなります。	私は開会の挨拶を頼まれました。
3. Don't attempt to run before you can walk. » attempt の p は、ほぼ聞こえなくなります。	歩けないうちから走ろうとするな（→ものごとには順序というものがある）。
4. Every member should contribute to the discussion. » contribute to ~ で「~に貢献する」。	討論では、すべてのメンバーが意見を言うべきだ。
5. There's no reason for us to object to the plan.	我々には、その計画に反対する理由は何もありません。
6. He liked to think of himself as an entrepreneur. » think of A as B で「A のことを B だとみなす」。	彼は自分のことを起業家だと思いたがっていた。
7. All our naan breads are baked to order.	うちのナンはすべて注文を受けてから焼きます。
8. The men were arrested but not brought to trial.	その男たちは逮捕されたが、裁判にかけられることはなかった。
9. You've got to report to work by 9:00. » report to work で「職場に行く、出勤する」。	9 時までには出勤してください。
10. I hate to tell you this, but you're wearing it inside out.	言いづらいのですが、それを裏返しに着ていますよ。

第2章

◤Let's Practice

Step 1 〉 文を見ながら再度音声を聞き、リンキングを確認しましょう。

Step 2 〉 納得できたら、録音の音声をまねて、文を音読してみましょう。

Step 3 〉 文字を見ずに音声だけを聞いて、リピートしましょう。

動詞 D 音 ＋ to

D 音で終わる動詞の後に T 音で始まる to が来ると、D 音が T 音に吸収され、あたかも D が**脱落した**かのように聞こえます。よって need to は、「ニーッ to」のように、needed to は「ニーディッ to」のように聞こえます。

MP3
259-269

> **連結切り分けトレーニング**

以下の文を聞き、どのような語とどのような語がリンキングしているか、聞き取りましょう。

Example Her blood pressure tended to be low.

1. All employees are _____ this seminar.
2. After a long deliberation, he finally _____ .
3. I want to thank everyone who has _____ success.
4. One thing _____ , and now we're married.
5. People _____ less sleep as they get older.
6. The local shop owners strongly _____ plan.
7. They _____ the task before May.
8. We _____ to Sendai but we had no means of transport.
9. What made you _____ the offer?
10. You _____ at the venue by one p.m.

▶ヒント ....

D 音で終わる動詞		**to の後に続く語**
attempted 試みた / contributed 貢献した / decide / decided / led / need / objected 反対した / required 要求される	＋	accept / another / attend / finish / get / go / the

✅ トレーニングの解答と訳 ·····

Example Her blood pressure tended to be low.

彼女の血圧は低めだった。

≫ blood の d は聞こえません。

---

1. All employees are required to attend this seminar.

このセミナーには全従業員が参加を求められている。

---

2. After a long deliberation, he finally decided to go.

長いこと考えた末、彼はついに行くことに決めた。

---

3. I want to thank everyone who has contributed to today's success.

今日の成功に貢献したくれたすべての人に感謝したい。

---

4. One thing led to another, and now we're married.

まあいろいろあって、今では私たちは夫婦です。

≫ One thing led to another は「あることが起こり、それが次のことにつながり」というイメージの「いろいろあって」。

---

5. People tend to need less sleep as they get older.

人は年を取るにつれて睡眠時間が短くなる傾向がある。

---

6. The local shop owners strongly objected to the plan.

地元の商店主たちは、その計画に強く反対した。

---

7. They attempted to finish the task before May.

彼らは、その業務を5月になる前に終えようと試みた。

---

8. We needed to get to Sendai but we had no means of transport.

仙台に行く必要があったが、交通手段がなかった。

---

9. What made you decide to accept the offer?

あなたがそのオファーを受けようと思ったのは、なぜですか。

≫ What の t は聞こえません。

---

10. You need to arrive at the venue by one p.m.

会場には13時までに到着する必要がある。

≫ at の t は、the に吸収されて聞こえません。

◀ Let's Practice

Step 1 ⟩ 文を見ながら再度音声を聞き、リンキングを確認しましょう。

Step 2 ⟩ 納得できたら、録音の音声をまねて、文を音読してみましょう。

Step 3 ⟩ 文字を見ずに音声だけを聞いて、リピートしましょう。

動詞 T 音＋閉鎖音

T音で終わる動詞の後に、閉鎖音で始まる語が来ると、**その T 音は聞こえなくなります**。閉鎖音が連続すると最初の閉鎖音（ここでは T 音）では唇や舌（T音の場合は舌）を離さないからです。

> **MP3**
> **270-280**

▶連結切り分けトレーニング

以下の文を聞き、どのような語とどのような語がリンキングしているか、聞き取りましょう。

Example You need to cut down on fatty foods and alcohol.

1. Can we ever _____ from the world?
2. First you need to _____ from the owner.
3. I was starting to _____ .
4. Let's not _____ arguing.
5. People who _____ like that aren't normal.
6. She _____ soon after they got married.
7. Things can only _____ from here.
8. You can _____ and get to the point.
9. A soldier has to _____ and death.
10. How does she _____ on such a small salary?

●ヒント

T 音で終わる動詞
commit 犯す / confront 直面する / eliminate 消滅させる / omit 省略する / waste 浪費する

＋

to の後に続く語
better / by / crimes 犯罪 / danger / desperate 必死な / details 詳細 / permission 許可 / poverty 貧困 / pregnant 妊娠して / time

Example You need to cut down on fatty foods and alcohol.

あなたは脂っこい食品とお酒を減らす必要があります。

» cut down on 〜で「〜（の量など）を減らす」。

---

1. Can we ever eliminate poverty from the world?

はたして、世界から貧困をなくすことなど可能なのだろうか。

---

2. First you need to get permission from the owner.

あなたはまず、所有者から許可を得る必要がある。

» need と to も連結し、need の d は聞こえません。

---

3. I was starting to get desperate.

私は切羽詰まってきていた。

---

4. Let's not waste time arguing.

議論で時間をむだにするのはやめよう。

» not の t も聞こえないことが多い。

---

5. People who commit crimes like that aren't normal.

あんな犯罪を実行する人は普通じゃない。

» aren't の t は聞こえません。

---

6. She got pregnant soon after they got married.

彼らが結婚してまもなく、彼女は身ごもった。

---

7. Things can only get better from here.

ここからは、状況は好転するしかない。

» can と only は連結して、「クノンリー」のように聞こえます。

---

8. You can omit details and get to the point.

詳細は省き、すぐに要点に行っていいよ。

» can と omit は連結して「クノミッ (t)」のように聞こえます。

---

9. A soldier has to confront danger and death.

兵士というものは危険と死に直面せねばならない。

---

10. How does she get by on such a small salary?

それだけの給料で、どうやって生活していくのですか。

» get by で、「生活していく・やっていく」。

🔊 Let's Practice

Step 1 〉 文を見ながら再度音声を聞き、リンキングを確認しましょう。

Step 2 〉 納得できたら、録音の音声をまねて、文を音読してみましょう。

Step 3 〉 文字を見ずに音声だけを聞いて、リピートしましょう。

動詞 T 音＋閉鎖音もどき

　T 音で終わる動詞の後に、m や n などの**鼻音で始まる語**、th で始まる語**が来たとき**も、その T 音は聞こえなくなります。鼻音は一種の閉鎖音であること、TH 音は T 音と発音位置が近いことがその理由です。

▶連結切り分けトレーニング

　以下の文を聞き、どのような語とどのような語がリンキングしているか、聞き取りましょう。

Example Have you ever missed the last train home?

1. Have you _____ accommodations yet?
2. Do you _____ to come with you?
3. He's not a bad guy. He's _____ good points.
4. He said he would _____.
5. I was so _____ I couldn't react.
6. It's everyone's duty to _____ environment.
7. _____ put it this way
8. My dad _____ how to do handstand.
9. I don't _____ name to appear in the newspaper.
10. Why don't you _____ vegetables?

●ヒント

T 音で終わる動詞		後にリンキングしている語
booked 予約した / contact 連絡を取る / eat / got / hate / let / protect 守る / shocked / taught / want	＋	many / me / more / my / that / the / this

MP3 281-291

✅ トレーニングの解答と訳 ·····································

Example Have you ever missed the last train home?

終電を逃した経験はありますか。

≫ last の t と train の t は 1 つになります。

1. Have you booked the accommodations yet?

もう宿は予約したかい？

≫ booked の k もほとんど聞こえません。

2. Do you want me to come with you?

一緒に行ってあげましょうか。

3. He's not a bad guy. He's got many good points.

彼は悪いやつじゃないよ。いいところもたくさんある。

≫ bad の d は聞こえません。

4. He said he would contact me.

彼は私に連絡すると言っていた。

5. I was so shocked that I couldn't react.

あまりのショックで反応できなかった。

6. It's everyone's duty to protect the environment.

環境を保護するのはみんなの義務です。

7. Let me put it this way.

こういう言い方をさせてもらおう。

≫この put は「表現する」。put it で「プリッ」のように聞こえます。

8. My dad taught me how to do handstand.

父は私に逆立ちを教えてくれた。

≫ dad の d も聞こえません。

9. I don't want my name to appear in the newspaper.

新聞に名前を出したくないんだ。

10. Why don't you eat more vegetables?

もっと野菜を食べたら？

≫ Why don't you ～ ? で「～したらどう？」の意。

 Let's Practice

Step 1〉 文を見ながら再度音声を聞き、リンキングを確認しましょう。

Step 2〉 納得できたら、録音の音声をまねて、文を音読してみましょう。

Step 3〉 文字を見ずに音声だけを聞いて、リピートしましょう。

動詞 D 音＋閉鎖音

D 音で終わる動詞の後に、閉鎖音で始まる語が来るリンキングを練習します。2つの閉鎖音が連続する場合、**最初の閉鎖音（この場合は D 音）が聞こえなくなります。**

MP3
292-302

> **連結切り分けトレーニング**

以下の文を聞き、どのような語とどのような語がリンキングしているか、聞き取りましょう。

Example I hated practicing, but I practiced four hours a day.

1. Don't _____ a screen. Talk face to face.
2. I couldn't _____ to write to you.
3. They just _____ and said nothing.
4. I _____ to the gym recently.
5. It's not easy to _____ information on the internet.
6. She _____ with the other passengers.
7. The doctor was _____ of malpractice.
8. The food _____, but the service was awful.
9. The government needs to _____ on this issue.
10. I _____ green tea but I just can't enjoy it!

 ヒント ....

D 音で終わる動詞		後にリンキングしている語
avoided 避けた / find / found / hid / started / stood / tasted / tried / tread 踏む	＋	behind / by / carefully / conversation / correct / drinking / going / good / guilty / time

✅トレーニングの解答と訳 ………………………………

Example I hated practicing, but I practiced four hours a day.

>> hours と a で「アワザ」と聞こえます。

私は練習が嫌いでしたが、1日何時間も練習しました。

---

1. Don't hide behind a screen. Talk face to face.

>> hide behind a screen で「ディスプレーの後ろに隠れる→会って話さず、ネットを通じてのみコニュニケーションをとる」。

ネットでやり取りばかりしていないで、直接会って話しなさい。

---

2. I couldn't find time to write to you.

>> write と to もリンキングするので T 音は一度しか聞こえません。

時間がなくて連絡できませんでした。

---

3. They just stood by and said nothing.

>> said の d も聞こえません。

彼らは、ただ傍観しているだけで何も言わなかった。

---

4. I started going to the gym recently.

最近ジムに行き始めた。

---

5. It's not easy to find correct information on the internet.

ネット上で正しい情報を見つけるのは簡単なことではない。

---

6. She avoided conversation with the other passengers.

彼女は、ほかの乗客との会話を避けていた。

---

7. The doctor was found guilty of malpractice.

その医者は医療ミスで有罪となった。

---

8. The food tasted good, but the service was awful.

食べ物はおいしかったけれど、サービスはひどかった。

---

9. The government needs to tread carefully on this issue.

政府は、この問題に関しては慎重に対処しなければならない。

---

10. I tried drinking green tea but I just can't enjoy it!

緑茶は飲んでみたが、どうしても好きになれない。

 Let's Practice

| Step 1 | 文を見ながら再度音声を聞き、リンキングを確認しましょう。 |

| Step 2 | 納得できたら、録音の音声をまねて、文を音読してみましょう。 |

| Step 3 | 文字を見ずに音声だけを聞いて、リピートしましょう。 |

過去分詞 T 音＋ by

　動詞の過去分詞の語尾「-ed」は T 音で発音されることがありますが、その後に by ～が用いられると、**T 音が B 音に吸収されて**聞こえません。

> **》連結切り分けトレーニング**
> MP3
> 303-313
>
> 　以下の文を聞き、どのような語とどのような語がリンキングしているか、聞き取りましょう。
>
> **Example** The painting was bought by a private collector.
>
> 1. This is a myth 　　　　　　.
> 2. The furniture was 　　　　　　 previous occupants.
> 3. Every decision has to be 　　　　　　 board.
> 4. He's well 　　　　　　 people in the community.
> 5. Many prefer being 　　　　　　 speakers of the language.
> 6. One of the gangsters was 　　　　　　 police.
> 7. She will be deeply 　　　　　　 many friends and colleagues
> 8. The campaign was fiercely 　　　　　　 factions.
> 9. All the food on the table was 　　　　　　 grandmother.
> 10. Peace cannot be 　　　　　　; it can only be achieved by understanding. (Einstein)

● ヒント ....

T 音で終わる動詞		**by に続く語**
caught / cooked / embraced 抱かれている / fought / kept / left / liked / missed / passed / taught	＋	force 力 / her / her / many / native / opposing 対立している / the

Example	The painting was bought by a private collector. » private の t も聞こえません。	その絵画は個人収集家に買われた。
1.	This is a myth embraced by many.	これは多くの人が信じている神話だ。
2.	The furniture was left by the previous occupants.	その家具は前の居住者が置いていったものだった。
3.	Every decision has to be passed by the board.	すべての決定は理事会を通過しなくてはならない。
4.	He's well liked by the people in the community. » people と in は L 音でリンキングします。	彼は地域の人に、とても好かれている。
5.	Many prefer being taught by native speakers of the language.	多くの人は、その言語の母語話者から教わるほうを好む。
6.	One of the gangsters was caught by the police.	ギャングのうちの 1 人は警察に捕まった。
7.	She will be deeply missed by her many friends and colleagues.	彼女が去ることで、多くの友人や同僚が残念に思うことだろう。
8.	The campaign was fiercely fought by opposing factions.	その選挙では、対立する派閥が激しく闘うことになった。
9.	All the food on the table was cooked by her grandmother.	テーブルの上のすべての料理は、彼女のおばあさんの手によるものだ。
10.	Peace cannot be kept by force; it can only be achieved by understanding. (Einstein)	平和を力によって維持することはできない。それは理解によってのみ達成できるのだ。[アインシュタイン]

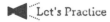 Let's Practice

Step 1	文を見ながら再度音声を聞き、リンキングを確認しましょう。
Step 2	納得できたら、録音の音声をまねて、文を音読してみましょう。
Step 3	文字を見ずに音声だけを聞いて、リピートしましょう。

過去分詞 D 音 + by

過去分詞の語尾「-ed」が D 音で終わり、その後に by が来る場合は D 音が聞こえません。

MP3
314-324

▶連結切り分けトレーニング

以下の文を聞き、どのような語とどのような語がリンキングしているか、聞き取りましょう。

Example He is believed by many to be the greatest composer of all time.

1. All our goods are _____ from a single piece of wood.
2. He was much _____ who knew him.
3. I was a bit _____ candid question.
4. I work freelance and am _____ hour.
5. Most sounds are _____ eardrums.
6. One in seven accidents is _____ drivers.
7. I didn't do this to be _____ .
8. The president is _____ even within his own party.
9. This problem can be _____ carefully beforehand.
10. Vegetarian meals are _____ arrangement.

●ヒント ·····

D 音で終わる動詞		by に続く語
avoided / caused / hated / heard / loved / made / paid / praised 褒められる / provided 提供される / surprised	+	all / hand / his / many / our / people / prior 前もっての / sleepy / the / thinking

Example He is believed by many to be the greatest composer of all time.
　　》greatest の t は聞こえません。

彼は、多くの人に史上最高の作曲家だと信じられている。

---

1. All our goods are made by hand from a single piece of wood.
　　》piece と of はリンキングします。

当社の製品は、すべて1つの木片から手作りで制作されています。

---

2. He was much loved by all who knew him.

彼は、彼を知るすべての人によって深く愛されていた。

---

3. I was a bit surprised by his candid question.
　　》candid の語尾の d は聞こえません。

彼の率直な質問には、いささか驚かされた。

---

4. I work freelance and am paid by the hour.

私はフリーランスなので、時間単位で報酬を得ています。

---

5. Most sounds are heard by our eardrums.
　　》most の t は脱落することがあります。

ほとんどの音は、鼓膜で聞かれる。

---

6. One in seven accidents is caused by sleepy drivers.
　　》one と in は N 音でリンキングします。

交通事故の7件に1件は、睡眠不足のドライバーが原因である。

---

7. I didn't do this to be praised by people.

私は人に褒められるために、これをしたわけではない。

---

8. The president is hated by many even within his own party.

大統領は自分の党の中でさえ、多くの人たちに憎まれている。

---

9. This problem can be avoided by thinking carefully beforehand.

この問題は、前もって注意深く考えることによって避けることができる。

---

10. Vegetarian meals are provided by prior arrangement.

事前に手配すれば、ベジタリアンの料理を提供してもらえる。

Let's Practice

Step 1〉 文を見ながら再度音声を聞き、リンキングを確認しましょう。

Step 2〉 納得できたら、録音の音声をまねて、文を音読してみましょう。

Step 3〉 文字を見ずに音声だけを聞いて、リピートしましょう。

第2章

動詞 K 音＋閉鎖音（もどき）

K 音で終わる動詞の後に閉鎖音やそれに準ずる鼻音が続いて **K 音が聞こえなくなる**場合を練習しましょう。

MP3
325-335

▶連結切り分けトレーニング

以下の文を聞き、どのような語とどのような語がリンキングしているか、聞き取りましょう。

Example Look no further. This is exactly what you want.

1. Hey! You _____ in that dress.
2. How can I _____ dream come true?
3. I'm afraid the situation doesn't _____ .
4. The convention will _____ in September.
5. It got to the point where I could _____ more.
6. What's the best way to _____ from home?
7. It's clear you need to _____ in order to learn.
8. Don't _____ you can't keep.
9. We will not _____ from speaking the truth.
10. If you want to remain fit, you should _____ excuses.

●ヒント

K 音で終わる動詞
back / look / make / take

＋

後にリンキングしている語
down / good / great / mistake / money / my / no / place / promise

Example Look no further. This is exactly what you want.

もう探すのはやめてよ。これがあなたの希望にぴったりでしょ。

>> look no further は物色している商品などについて「もうこれで決めましょう」と言うときの決まり文句。

---

1. Hey! You look great in that dress.

ほう！ その服、君に似合うね。

>> that の TH 音は前の in につられて N 音化します。

---

2. How can I make my dream come true?

どうしたら夢を実現できるでしょうか。

---

3. I'm afraid the situation doesn't look good.

残念ながら状況は芳しくない。

---

4. The convention will take place in September.

その大会は 9 月に開催されます。

---

5. It got to the point where I could take no more.

もうこれ以上は無理だというところまで追い込まれてしまいました。

>> It は話題になっている状況を示します。

---

6. What's the best way to make money from home?

自宅でお金を稼ぐ最もよい方法は何ですか。

---

7. It's clear you need to make mistakes in order to learn.

学ぶためには間違えることが必要だということは明らかだ。

---

8. Don't make promises you can't keep.

守れない約束をするな。

---

9. We will not back down from speaking the truth.

我々は真実を語ることを決してやめるつもりはない。

>> back down は「反対に遭ってやめる」。

---

10. If you want to remain fit, you should make no excuses.

健康と体型を維持したければ、言い訳をしてはだめです。

第2章

 Let's Practice

| Step 1 | 文を見ながら再度音声を聞き、リンキングを確認しましょう。

| Step 2 | 納得できたら、録音の音声をまねて、文を音読してみましょう。

| Step 3 | 文字を見ずに音声だけを聞いて、リピートしましょう。

助動詞Ｔ音＋閉鎖音（もどき）

Ｔ音で終わる助動詞 must、might の後に閉鎖音またはそれに準ずる鼻音が来てＴ音が聞こえなくなることに慣れましょう。

> ## 連結切り分けトレーニング

以下の文を聞き、どのような語とどのような語がリンキングしているか、聞き取りましょう。

Example I must go to the bank and get some money.

1. ＿＿＿＿＿＿＿＿ for the ticket in advance.
2. I began to feel that ＿＿＿＿＿ right.
3. I thought ＿＿＿＿＿ it a try once again.
4. ＿＿＿＿＿ repeat the mistakes of the past.
5. ＿＿＿＿＿ up with my boyfriend one of these days.
6. ＿＿＿＿＿ the work finished by tomorrow morning.
7. What are some items that ＿＿＿＿＿ back from Japan?
8. If you don't grab this opportunity, ＿＿＿＿＿ get another one.
9. Physical ＿＿＿＿＿ against lung and bowel cancers.
10. The ＿＿＿＿＿ action to fight this deadly disease.

> ## ヒント ‥‥‥‥‥‥‥‥‥‥‥‥‥‥‥‥‥‥‥‥‥‥‥‥‥‥‥‥‥‥‥‥‥‥‥

助動詞の前の語
I / fitness / government / she / we / you

＋

助動詞の後にリンキングしている語
be / break / bring / get / give / not / pay / protect / take

✅ トレーニングの解答と訳 ··········

Example I must go to the bank and get some money.

銀行に行って、ちょっとお金を下ろしてこなければならない。

---

1. You must pay for the ticket in advance.

前もってチケットを買う必要があります。

≫ in advance は「前持って」で、N 音でリンキング。

---

2. I began to feel that she might be right.

私は彼女が正しいかもしれないと思い始めた。

---

3. I thought we might give it a try once again.

もう一度やってみたらどうかと思っていました。

≫ give it a try で「それをやってみる」。

---

4. We must not repeat the mistakes of the past.

過去の過ちを繰り返してはいけません。

---

5. I might break up with my boyfriend one of these days.

私、近いうちに彼氏と別れるかも。

≫ one と of は N でリンキング。of の f はごく弱いか聞こえません。

---

6. We must get the work finished by tomorrow morning.

この仕事は明日の朝までに仕上げなければならない。

≫ get の t は the に吸収されます。

---

7. What are some items that you must bring back from Japan?

日本から（お土産に）ぜひ持って帰るべきものは何がありますか。

---

8. If you don't grab this opportunity, you might not get another one.

このチャンスを生かさなかったら、もう二度と機会はないかもね。

≫ grab の b は聞こえません。

---

9. Physical fitness might protect against lung and bowel cancers.

体を鍛えておくことが、肺がんや大腸がんの予防になるかもしれません。

---

10. The government must take action to fight this deadly disease.

政府は、この生死にかかわる疾病に対して対応策をとらねばなりません。

 Let's Practice

Step 1 〉 文を見ながら再度音声を聞き、リンキングを確認しましょう。

Step 2 〉 納得できたら、録音の音声をまねて、文を音読してみましょう。

Step 3 〉 文字を見ずに音声だけを聞いて、リピートしましょう。

助動詞 D 音＋閉鎖音（もどき）

D音で終わる助動詞 should、could、would の後に、閉鎖音またはそれ に準ずる鼻音が来て D音が聞こえなくなることに慣れましょう。

MP3
347-357

連結切り分けトレーニング

以下の文を聞き、どのような語とどのような語がリンキングしているか、 聞き取りましょう。

Example I would be happy to help you.

1. ＿＿＿＿＿ about that for hours.
2. I think ＿＿＿＿＿ straight to the point.
3. I think ＿＿＿＿＿ him a second chance.
4. We flipped a coin to decide ＿＿＿＿＿ first.
5. ＿＿＿＿＿ my right arm to have tickets to that concert.
6. He asked me if I ＿＿＿＿＿.
7. My boss was frustrated ＿＿＿＿＿ angry easily.
8. ＿＿＿＿＿ try to be their child's friends?
9. He says he's an expert but ＿＿＿＿＿ him a thing or two.
10. ＿＿＿＿＿ precautions against food poisoning.

● ヒント

助動詞の前の語	+	助動詞の後にリンキングしている語
and / he / I / who / you		drive / get / give / go / make / parents / take / talk / teach

✔ トレーニングの解答と訳 ·······

Example I would be happy to help you.	喜んでお手伝いします。
1. I could talk about that for hours.	その件については何時間も話せますよ。
2. I think I should get straight to the point.	前置きはなしに本題に入ったほうがいいかと思います。
3. I think you should give him a second chance.	彼にもう一度チャンスをあげるべきだと思う。
4. We flipped a coin to decide who would go first. » flipped の p は聞こえません。	誰が最初にやるのか決めるためにコインを投げた。
5. I would give my right arm to have tickets to that concert. » give my right arm to... は「〜するためなら何でもしたいくらいだ」。	そのコンサートのチケットを手に入れられるなら何も惜しくないよ。
6. He asked me if I could drive.	彼は私に運転ができるかと尋ねた。
7. My boss was frustrated and would get angry easily.	私の上司はイライラしていて、すぐ怒ることが多かった。
8. Should parents try to be their child's friends?	親は子どもの友達になろうとするべきなのだろうか。
9. He says he's an expert but I could teach him a thing or two. » A could teach B a thing or two. は「B（人）は A（人）から学んだ方がいい」。	彼は自分では専門家だと言っているが、僕の方がよほどよくわかっているね。
10. You should take precautions against food poisoning.	食中毒には気をつけるべきだよ。

◀ Let's Practice

Step 1〉 文を見ながら再度音声を聞き、リンキングを確認しましょう。

Step 2〉 納得できたら、録音の音声をまねて、文を音読してみましょう。

Step 3〉 文字を見ずに音声だけを聞いて、リピートしましょう。

第2章

形容詞 T 音 + to

形容詞の後に to が来ることがあります。その場合、**T 音で終わる形容詞の語尾が to と一体化して聞こえなくなること**に慣れましょう。

MP3
358-368

> 連結切り分けトレーニング

以下の文を聞き、どのような語とどのような語がリンキングしているか、聞き取りましょう。

Example She is still too upset to talk about it.

1. She was ＿＿＿＿＿ her concerns.
2. He was among the ＿＿＿＿＿ .
3. I was ＿＿＿＿＿ that I had made the cut.
4. His comment was not ＿＿＿＿＿ topic.
5. Our factory is all ＿＿＿＿＿ the new product line.
6. I have been ＿＿＿＿＿ issue of animal welfare.
7. The impact of the deal is ＿＿＿＿＿ .
8. It would be ＿＿＿＿＿ the appearance of conflict of interest.
9. The doctors are ＿＿＿＿＿ conclusions at this stage.
10. It would be ＿＿＿＿＿ on an ongoing investigation.

◉ヒント

T 音で終わる形容詞
best / delighted / difficult / hesitant ためらって / inappropriate 不適切な / indifferent / last / relevant 関連のある / reluctant 気が進まない / set

＋

to の後に続く語
avoid / comment / draw / evaluate 評価する / know / leave / produce / the / voice

Example She is still too upset to talk about it.

彼女は動揺していて、まだそれについて話せる状態ではない。

---

1. She was reluctant to voice her concerns.

　》ここでの voice は動詞で「言葉にして表明する」。

彼女は自分の懸念をはっきり表明するのを嫌がっていた。

---

2. He was among the last to leave.

彼はその場を最後に立ち去ったうちの1人だった。

---

3. I was delighted to know that I had made the cut.

　》make the cut で「予選を通過する」。

予選を通過したと知って、非常にうれしかった。

---

4. His comment was not relevant to the topic.

彼のコメントはテーマに関係ないものだった。

---

5. Our factory is all set to produce the new product line.

　》all set で「準備完了」。

うちの工場は、新製品製造のための準備が万端です。

---

6. I have been indifferent to the issue of animal welfare.

　》animal welfare とは「家畜を含む動物の飼育環境の健全さ」のこと。

動物福祉の問題に、私はこれまで無関心だった。

---

7. The impact of the deal is difficult to evaluate.

この取り決めの影響が、どの程度になるか見積もるのは難しい。

---

8. It would be best to avoid the appearance of conflict of interest.

　》conflict of interest で「利益相反」。

利益相反のように見えてしまうのは避けたほうがよい。

---

9. The doctors are hesitant to draw conclusions at this stage.

医者たちは、今の段階で結論を出すのをためらっている。

---

10. It would be inappropriate to comment on an ongoing investigation.

現在進行中の捜査についてコメントするのは不適切でしょう。

 Let's Practice

Step 1 文を見ながら再度音声を聞き、リンキングを確認しましょう。

Step 2 納得できたら、録音の音声をまねて、文を音読してみましょう。

Step 3 文字を見ずに音声だけを聞いて、リピートしましょう。

形容詞 D 音 ＋ to

今度は D 音で終わる形容詞の後に to が来て、D 音が消えることに慣れましょう。

MP3
369-379

> **連結切り分けトレーニング**

以下の文を聞き、どのような語とどのような語がリンキングしているか、聞き取りましょう。

Example She was bold to ask him that question.

1. It's so _____ you again.
2. It's not _____ his motive.
3. It's too _____ outside.
4. I was _____ the price.
5. I'm _____ you are up and about again.
6. It may seem _____, but it's true.
7. It is _____ him like that.
8. He was _____ his disagreement.
9. It's _____ on the appearance of other people.
10. All our staff are _____ customers' satisfaction.

▶ **ヒント** ....

D 音で終わる形容詞		to の後に続く語
afraid / amazed 驚かされる / cold / devoted 献身して / glad / good / hard / odd / rude 無礼な / sad	＋	comment / express / our / see / sit / understand / you

✔トレーニングの解答と訳 ·········

Example She was bold to ask him that question.

あんな質問を彼にするなんて、彼女は大胆だったね。

---

1. It's so good to see you again.

また会えてほんとにうれしいよ。

---

2. It's not hard to understand his motive.

　» his の h はあまり聞こえません。

彼の動機を理解するのは難しいことではない。

---

3. It's too cold to sit outside.

　» sit と outside はリンキングします。

外で座って話すには寒すぎるね。

---

4. I was amazed to see the price.

　» was と amazed はリンキングして、「ワザメイ z」と聞こえます。

その値段を見て目の玉が飛び出た。

---

5. I'm glad to see you are up and about again.

　» up and about（アッパナバウ t）は、「立って動き回っている→元気に活動している」。

あなたがまた元気になっているのを見てうれしいです。

---

6. It may seem odd to you, but it's true.

君には変に思われるかもしれないが、それは真実だ。

---

7. It is sad to see him like that.

あんなふうな彼を見るのは悲しい。

---

8. He was afraid to express his disagreement.

　» his の h はほとんど聞こえません。

彼は、自分の異なる意見を表明するのが怖かった。

---

9. It's rude to comment on the appearance of other people.

他人の外見についてコメントするのは無礼なことだ。

---

10. All our staff are devoted to our customers' satisfaction.

　» be devoted to ～で「～に注力している、～を熱心に行っている」。

私どものスタッフ一同は、お客様にご満足いただけるよう心がけております。

📢 Let's Practice

Step 1 〉 文を見ながら再度音声を聞き、リンキングを確認しましょう。

Step 2 〉 納得できたら、録音の音声をまねて、文を音読してみましょう。

Step 3 〉 文字を見ずに音声だけを聞いて、リピートしましょう。

第2章

93

代名詞 T 音（it ／ that ／ what）

今度は代名詞 it、that、what の最後の T 音に焦点を当てます。後に続くのが**閉鎖音以外**でも、**t が呑み込まれるように**発音されると T 音自体は聞こえません。

MP3
380-390

> **連結切り分けトレーニング**

以下の文を聞き、どのような語とどのような語がリンキングしているか、聞き取りましょう。

Example Phew, that was close!

1. ＿＿＿ be true if she said so herself.
2. ＿＿＿ do is unplug our computers in a power outage.
3. Do you have any ideas about ＿＿＿ should do now?
4. ＿＿＿ not clear at the time was who would join the project.
5. ＿＿＿ about 30 minutes on foot, or 5 minutes by car.
6. ＿＿＿ good to be back in familiar surroundings.
7. ＿＿＿ occur to me that I was different from other people.
8. Man, ＿＿＿ great!
9. ＿＿＿ like a piece of cake turned out to be the hardest part.
10. This is ＿＿＿ people don't know about marriage before they get married.

● ヒント ……………………………………………………………………

T 音で終わる代名詞	+	後にリンキングしている語
it / that/ what		didn't / looked / most / must / takes / was / we

✔トレーニングの解答と訳 ·······

Example Phew, that was close!   ひえ～、もうちょっとで危なかったな。

 ≫この close は「危険などに近接している＝危機一髪」ということ。

---

1. It must be true if she said so herself.   彼女が自分でそう言ったなら、それは真実に違いない。

---

2. What we do is unplug our computers in a power outage.   ここのやり方としては、停電時はコンピューターの電源コンセントを抜きます。

---

3. Do you have any ideas about what we should do now?   これから私たちがどうしたらいいかについて、何か考えがありますか。

---

4. What was not clear at the time was who would join the project.   その時に明らかでなかったのは、誰がそのプロジェクトに参加するかということだった。

---

5. It takes about 30 minutes on foot, or 5 minutes by car.   歩いて 30 分、車だと 5 分かかります。

---

6. It was good to be back in familiar surroundings.   慣れ親しんだ環境に戻ってきて懐かしかったです。

---

7. It didn't occur to me that I was different from other people.   自分がほかの人とは違うとは気づきませんでした。

---

8. Man, that was great!   いやはや、今のはすごかった！

---

9. What looked like a piece of cake turned out to be the hardest part.   なんてことはないと思った仕事が、最も厄介な部分だということが判明した。

 ≫a piece of cake で「非常に容易な仕事」。

---

10. This is what most people don't know about marriage before they get married.   これが結婚前のほとんどの人が知らない結婚の現実だ。

 Let's Practice

| Step 1 | 文を見ながら再度音声を聞き、リンキングを確認しましょう。 |

| Step 2 | 納得できたら、録音の音声をまねて、文を音読してみましょう。 |

| Step 3 | 文字を見ずに音声だけを聞いて、リピートしましょう。 |

前置詞フレーズ（T音）

　ここには、T音で終わる前置詞のT音が聞こえなくなるリンキングの例として、いくつかの前置詞フレーズを集めました。

MP3
391-401

▶連結切り分けトレーニング

　以下の文を聞き、どのような語とどのような語がリンキングしているか、聞き取りましょう。

Example Despite the bad weather, we enjoyed ourselves.

1. It was ＿＿＿＿＿ when we got home.
2. Our relationship ended ＿＿＿＿＿.
3. ＿＿＿＿＿ last, a compromise was agreed on.
4. It's ＿＿＿＿＿ the public woke up.
5. It's ＿＿＿＿＿ principles to accept gifts from clients.
6. You can't use copyrighted music ＿＿＿＿＿.
7. Good products rarely come ＿＿＿＿＿.
8. I feel nothing ＿＿＿＿＿ for people who do that.
9. It's not ＿＿＿＿＿. It's ＿＿＿＿＿ you do.
10. The schedule is subject to change ＿＿＿＿＿.

▶ヒント

T音で終わる前置詞
about / against / at / but / without

＋

後にリンキングしている語
bargain 安売り / closure 終結 / contempt 軽蔑 / my / notice 予告・通知 / permission 許可 / time / what

✔トレーニングの解答と訳 ·······················

Example Despite the bad weather, we enjoyed ourselves.

悪天候にもかかわらず、私たちは楽しんだ。

---

1. It was past midnight when we got home.

家に帰り着いたのは真夜中を過ぎていた。

---

2. Our relationship ended without closure.

   ≫ closure は「終結することによる区切り」。

私たちの関係は結末なしで終わった（→なんとなく消滅した）。

---

3. At long last, a compromise was agreed on.

ついに妥協案が合意されるに至った。

---

4. It's about time the public woke up.

   ≫仮定法のため woke という過去形を使っています。

もう国民は目を覚ましてもいい頃だ→現実に気づくべきだ。

---

5. It's against my principles to accept gifts from clients.

顧客から贈り物をいただくのは、私の主義に反する。

---

6. You can't use copyrighted music without permission.

著作権のある音楽を許諾なしで使うことはできません。

---

7. Good products rarely come at bargain prices.

よい製品というのは格安の値段で手に入ることは、めったにありません。

---

8. I feel nothing but contempt for people who do that.

そういうことをする人々に対して、私は軽蔑しか感じません。

---

9. It's not about what you say. It's about what you do.

大事なのは何を言うかではなく、実際に何をするかだよ。

---

10. The schedule is subject to change without notice.

    ≫ subject の t も聞こえません。

スケジュールは予告なく変更することがあります。

第2章

◀▌··Let's Practice

Step 1 〉文を見ながら再度音声を聞き、リンキングを確認しましょう。

Step 2 〉納得できたら、録音の音声をまねて、文を音読してみましょう。

Step 3 〉文字を見ずに音声だけを聞いて、リピートしましょう。

前置詞フレーズ（D 音と K 音）

D 音あるいは K 音で終わる前置詞を含むリンキングを切り分ける練習をしましょう。

MP3
402-412

> **連結切り分けトレーニング**

以下の文を聞き、どのような語とどのような語がリンキングしているか、聞き取りましょう。

Example My sister is a real outdoor type, unlike me.

1. It's not _____ to say she's sorry.
2. She's never friendly _____.
3. Anger is a valid feeling, if it is not _____.
4. Let us hope that world will move _____.
5. The scenery was beautiful _____.
6. Such dangerous drivers should be put _____.
7. You need to think _____ when you try something new.
8. _____ a lot of secret diplomacy was going on.
9. The evidence proves _____ that he is innocent.
10. We don't know much about what life is like _____.

▶ヒント ....

使われている前置詞
behind / beyond / inside / like / outside / toward

＋

後にリンキングしている語
Katy / North / control / description 描写 / doubt 疑い / me / progress 進歩 / the / bars 鉄格子

Example	My sister is a real outdoor type, unlike me.	私と違って、妹は本当にアウトドア好きです。

　　　　》outdoor の t は聞こえません。

1. It's not like Katy to say she's sorry.

自分が悪かったって言うなんてケイティらしくないね。

2. She's never friendly toward me.

彼女は私に対して打ち解けてくれたことはない。

3. Anger is a valid feeling, if it is not beyond control.

　》not の T 音は開放されないので聞こえません。

制御不能でない限り、怒りとはまっとうな感情です。

4. Let us hope that world will move toward progress and peace.

世界が進歩と平和に向かって進んでいくことを願いましょう。

5. The scenery was beautiful beyond description.

その光景は言葉にできないほど美しいものでした。

6. Such dangerous drivers should be put behind bars.

　》behind bars は「鉄格子の後ろに→獄中に」。

そんな危険な運転をする者は牢屋に入れるべきだ。

7. You need to think outside the box when you try something new.

　》outside the box は「箱の外で→既成概念にとらわれず」。

新しいことをしようとするときには、過去にとらわれずに考える必要がある。

8. Behind the scenes a lot of secret diplomacy was going on.

舞台裏で多くの秘密外交が展開されていた。

9. The evidence proves beyond doubt that he is innocent.

この証拠は、彼の無実を疑いの余地なく証明している。

10. We don't know much about what life is like inside North Korea.

我々は、北朝鮮国内での生活がどのようなものかあまりよく知らない。

🔊 Let's Practice

Step 1 〉 文を見ながら再度音声を聞き、リンキングを確認しましょう。

Step 2 〉 納得できたら、録音の音声をまねて、文を音読してみましょう。

Step 3 〉 文字を見ずに音声だけを聞いて、リピートしましょう。

脱落する T 音

「-st」で終わる語の後に子音（閉鎖音に限らず）で始まる語がリンクすると、一種の「省エネ・ナチュラル発音」で「-st」の t が脱落することがよく起こります。

> **連結切り分けトレーニング**

MP3
413-423

以下の文を聞き、どのような語とどのような語がリンキングしているか、聞き取りましょう。

Example Most supermarkets in Japan offer discounts between 5 p.m. and 8 p.m.

1. Can I work in Japan   ?
2.   to predict the future is to create it.
3. Teachers are under pressure   .
4. In my opinion, he's   for the job.
5. What are   of Alzheimer's disease?
6. When would be   to visit Japan?
7. Our company has   .
8. She didn't succeed, but at least she   .
9. I thought you were   .
10. What do you think is the greatest invention of   ?

▶ ヒント ···

「-st」で終わる語
best / fast / first / most / past / test / tourist

+

後にリンキングしている語
century 100 年間 / friend / rule / scores / season / shot / signs / suitable 適している / visa / way

✔ トレーニングの解答と訳 ··

Example Most supermarkets in Japan offer discounts between 5 p.m. and 8 p.m.

日本のほとんどのスーパーでは、5 時から 8 時の間に値引きをする。

1. Can I work in Japan on a tourist visa?
>> Can と I、work と in はリンキングします。

旅行者ビザで、日本で働けますか。

2. The best way to predict the future is to create it.

未来を予測する最もよい方法は、自分でそれを創り出すことだ。

3. Teachers are under pressure to improve test scores.

教師はテストの得点を上げなければならないというプレッシャーの下に置かれている。

4. In my opinion, he's the most suitable man for the job.

私の意見では、彼はその仕事に最も適した人物です。

5. What are the very first signs of Alzheimer's disease?

アルツハイマー病の本当に最初の兆候は何ですか。

6. When would be the best season to visit Japan?

日本を訪れるには、どの季節がベストでしょうか。

7. Our company has a hard and fast rule against smoking.
>> hard and fast で「厳格な」。

この会社には、喫煙を規制する厳格なルールがある。

8. She didn't succeed, but at least she gave it her best shot.
>> give it one's best shot は「自分の最高のショットを放つ→ベストを尽くす」。

彼女は成功しなかったが、少なくともベストは尽くした。

9. I thought you were my best friend.

あなたのことは親友だと思っていた。

10. What do you think is the greatest invention of the past century?

過去 100 年間で最も偉大な発明は何だと思いますか。

 Let's Practice

Step 1 〉文を見ながら再度音声を聞き、リンキングを確認しましょう。

Step 2 〉納得できたら、録音の音声をまねて、文を音読してみましょう。

Step 3 〉文字を見ずに音声だけを聞いて、リピートしましょう。

脱落する V 音

V 音は歯と下唇で作ります。B 音、P 音、M 音は上下の唇で作ります。V 音の後にこれらが来る場合、省エネ発音では V 音が聞こえない、もしくは完全に脱落することがあります。

MP3
424-434

> **▶連結切り分けトレーニング**

以下の文を聞き、どのような語とどのような語がリンキングしているか、聞き取りましょう。

Example I felt out of place in my suit and tie.

1. Can you _____ a clue?
2. _____, love my dog.
3. _____ alone.
4. _____, I wouldn't kid you.
5. _____ some time to think it over.
6. The guy has _____ .
7. I'm not too keen on _____ .
8. The accident _____ avoided.
9. This video clip shocked _____ .
10. _____ for asking, but how old are you?

●ヒント ···

V 音で終わる語
believe / forgive / give / have / leave / love / of

+

後にリンキングしている語
been / me / money / music / people

✔トレーニングの解答と訳 ·······················

Example	I felt out of place in my suit and tie.		スーツとネクタイ姿の私は、場違いに感じた。
	» out of place で「場違いな」。		

1. Can you give me a clue?

ヒントをくれるかな。

2. Love me, love my dog.

私が好きなら私のイヌも好きになって。

» ある人を愛するなら、その人に関するほかの事柄も愛せよ、という意味の格言。

3. Just leave me alone.

ただ僕を放っておいてくれよ。

4. Believe me, I wouldn't kid you.

信じてよ。君をかついだりしないよ。

» kid は「だます、かつぐ」。

5. Give me some time to think it over.

それについてよく考える時間を少しください。

» think it over で「それについてよく考える」。

6. The guy has lots of money.

あいつは大金持ちだよ。

7. I'm not too keen on this kind of music.

この手の音楽は、あまり好みではありません。

» be keen on ~で「~が好きである、~に一生懸命である」。

8. The accident could have been avoided.

その事故は防げたはずだ。

» been と avoided は N 音でつながります。

9. This video clip shocked a lot of people.

この動画は多くの人にショックを与えた。

10. Forgive me for asking, but how old are you?

お尋ねして失礼ですけど、年はおいくつですか。

Let's Practice

Step 1 ▷ 文を見ながら再度音声を聞き、リンキングを確認しましょう。

Step 2 ▷ 納得できたら、録音の音声をまねて、文を音読してみましょう。

Step 3 ▷ 文字を見ずに音声だけを聞いて、リピートしましょう。

N 音化する TH 音

N 音で終わる語の後に TH 音で始まる語が連結すると、TH 音が N 音化することがあります。舌を当てる位置が歯ぐきではなく歯になるので、ほとんど「ナ」「ニ」「ヌ」「ネ」「ノ」に聞こえます。

▶連結切り分けトレーニング

MP3
435-445

以下の文を聞き、どのような語とどのような語がリンキングしているか、聞き取りましょう。

Example You look good in that dress.

1. I didn't　　　　　　　　.
2. She's　　　　　　　many times.
3. I'd never dreamed of　　　　　to you.
4. If you look at it differently,　　　　　a good thing?
5. They all shouted for joy　　　　　heard it.
6. I still hear from him　　　　　　　　.
7. Few EFL learners　　　　　of proficiency.
8. The police were called　　　　　were on the scene within five minutes.
9. Some girls change drastically　　　　　graduate from high school.
10. Learning foreign languages is no easy task,　　　　　is especially true when the target language is very different from your native language.

●ヒント ──────────────────────

V 音で終わる語
an(d) / attain / been / doin(g) / isn't(t) / mean / when *T 音や D 音が脱落して事実上 N 音で終わる場合も含んでいます。

＋

後にリンキングしている語
that / then / there / they / this

| Example | You look good in that dress. | そのドレス、お似合いですよ。 |

1. I didn't mean that.

私は、そういうつもりで言ったんじゃありません。

2. She's been there many times.

彼女は、そこには何度も行ったことがあります。

3. I'd never dreamed of doing that to you.

君にあんなことしようなんて、夢にも思っていなかった。

4. If you look at it differently, isn't that a good thing?

見方を変えれば、それはよいことではないでしょうか。

☞ まず isn't から t 音が脱落し、残った isn の N 音に that の th が引っ張られます。

5. They all shouted for joy when they heard it.

それを聞いたとき、彼らはみな喜びの声を上げた。

6. I still hear from him every now and then.

今でも彼からは、たまに連絡があります。

☞ every now and then で「ときどき」。

7. Few EFL learners attain that level of proficiency.

外国語として英語を学習している人で、そのレベルの熟達度に達するケースはほとんどありません。

8. The police were called and they were on the scene within five minutes.

警察が呼ばれ、彼らは 5 分以内に現場に到着した。

9. Some girls change drastically when they graduate from high school.

高校を卒業すると劇的に変化する女子がいます。

10. Learning foreign languages is no easy task, and this is especially true when the target language is very different from your native language.

外国語の習得は容易なことではなく、それは目標言語が母語と非常に違う場合は特に当てはまる。

◀️ Let's Practice

Step 1 〉 文を見ながら再度音声を聞き、リンキングを確認しましょう。

Step 2 〉 納得できたら、録音の音声をまねて、文を音読してみましょう。

Step 3 〉 文字を見ずに音声だけを聞いて、リピートしましょう。

第2章

ボトムアップとトップダウン

　リスニングやリーディングにおいて人が意味を処理する仕方に関して、**ボトムアップ処理**（bottom-up processing）と**トップダウン処理**（top-down processing）という概念があります。

　ボトムアップとは読んで字のごとく、一番下のレベル（底）から上に向かって（アップ）という方向に進むことです。言語の場合、**最も細かい単位（リスニングなら音、リーディングなら文字）の知覚から始めて、それを組み合わせていくことで最終的には話者の意図を理解すること**を意味します。

　例えば Could、you、turn、on、the、light という 5 つの語の音声を聞き取って組み合わせた結果「自分に電灯のスイッチを入れるよう頼んでいるのだな」と理解したなら、それはボトムアップ処理です。

　これに対してトップダウンというのは、**その場の状況とか文脈から予測・判断して、音が聞き取れない部分を埋める**、といった処理方法です。夕方になり室内が暗くなってきたという状況があるとき、相手が自分に対して… on ... light のように聞こえる文を言ったとします。完全には聞き取れなかったとしても、この状況で何か light（明かり）についての発話だとすると、「明かりをつけてくれ」以外にないだろう、という判断から Could you turn on the light? だったかな、と思い至ればそれはトップダウン処理です。

　つまりボトムアップとは「**部分から全体を構築**」することであり、トップダウンとは「**全体から部分を想像**」することです。実際にはこの 2 つはどちらか一方だけで起こることは少なく、同時並行的に起こりながら、お互いに補い合って、自分にできるベストの理解を導き出そうとします。

　では、日本語ネイティブの英語学習者はどちらを補強すべきでしょうか。それは間違いなくボトムアップです。実際、コミュニケーションの失敗の大半は、たった 1 つの音、たった 1 つの単語の聞き間違いから起こるという研究があります。トップダウンはもう母語を通じて身につけていますよね？　磨くべきはボトムアップのスキルです。上の例でも light を right と聞いてしまえば、的はずれな想像が始まるでしょう。

日本語にない音の違いを聞き分ける

　いよいよ英語リスニングの、ある意味で本丸とも言うべき、日本語にはない音を聞き分けるステージです。聞き分けるための心構えとして、次の３つを頭に入れておいてください。

（1）文脈に頼らず聞けるようになりましょう。「文脈があるからどちらの音なのかはわかる」。それは確かに一理あります。しかし、逆に言えば「文脈にいつも頼らないと、どちらかはわからない」ということです。それでは最終的に使いものにはなりません。文脈がなくてもわかるようになりましょう！

（2）自分の口でも発音できるようになりましょう。自分で発音できる音の違いは、自分の耳でも聞き分けられるようになります。口の中の舌の位置の感覚と耳で聞こえる音イメージの感覚が結びつき、より強く実感できるからです。

（3）誰でも必ず聞き分けられるにようになります。最初は難しく感じるとしたら、日本語ネイティブとして、これまで意識的に区別してこなかったから、ということだけがその理由です。それ以上でもそれ以下でもありません。同じ機能を備えた耳と口と脳を持った人間です。慣れれば違いがわからない道理がありません。

■ 音素数の差

　意味の区別に使われる音のことを「**音素**」と呼びますが、その種類で言うと、日本語は英語に比べてずっとシンプルな言語です。数え方にもよりますが、次のような差があります。

	母音の数	子音の数	合計
日本語	5	16	21
英語	20	24	44

　つまり、母音と子音を合わせると、**英語には日本語のおよそ2倍以上の数の音素**があるわけです。音素というのは「意味の区別に関わる音」なので、これらの44の音をある程度正しく聞き分けることが、英語を聞いて理解することには大切になります。

■ 避けては通れない

「ええ〜！？　44の音を聞き分けるって？　そんなに大変なの？！」と思ったかもしれませんが、安心してください。この44という数は、あくまで音声学で専門的に分類した場合のもので、普通に英語を聞いたり話したりする場合は、そこまで細かく意識する必要はありません。

　必要がないならどうしてこんな数を出したのか、という理由ですが、それは44音素のすべてを気にする必要はないにせよ、日本語ネイティブが英語のリスニングに上達するためには、**絶対に聞き分けられるようにならねばならない音の区別が少なくともいくつかある**、ということを認識して欲しいからです。これは避けて通れませんし、また避けようとしてはいけません。避けているとすぐに壁に突きあたります。

■ 絶対に必要な区別

　音としての聞き分けが最重要な組み合わせを厳選すると、ズバリ次の5つです。

(1) L と R の区別

日本語には1種類しかないラ行音に似た音として、英語にはLとRの2種類があります。これによって lock（錠前のロック）と rock（音楽のロック）や fly（飛ぶ）と fry（フライ、揚げる）を区別します。

(2) S と TH の区別

日本語にはSの音はありますが、THの音はありません。よって、日本語ネイティブにはTHの音もSに聞こえてしまう傾向があります。sick（病気の）と thick（太い）、mouse（パソコンのマウス、ネズミ）と mouth（マウスウォッシュのマウス（口）の区別がこれです

(3) B と V の区別

日本語にはBの音はありますがVの音はありません。よって、BとVのどちらもBに聞こえてしまうので、練習してBからVが区別できるようになりましょう。best（ベスト、最高の）と vest（服のベスト）の区別です。

(4) 2種類以上の「ア」の区別

日本語の「ア」に似た音が英語では（少なくとも）2種類あります。中でも特に、fan（ファン）と fun（楽しみ）、lack（欠乏）と luck（幸運）を区別する「ア」の聞き分けが大切です。

(5) 2種類の「アー」の区別

日本語の「アー」に似た音が英語では2種類あります。「ハード」と言っても、hard（固い）なのか heard（hear の過去形「聞いた」）で違います。

これらの5つの具体的な区別について、この章で徹底的に練習します。もちろん、これ以外にも細かい区別はありますが、以上の5つがきちんと聞き分けられるようになれば「音素の聞き分け力」として、まずは十分です。何度も繰り返しますが、練習すれば誰でも必ず聞き分けられるようになります。練習では、耳に加えて口もフル活用してください。では始めましょう！

L と R を聞き分ける

> L はどう発音されるか

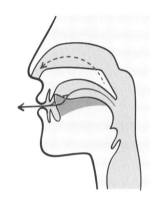

(1) 舌先を歯ぐきにしっかりと押し当て
ます。力を入れて！

(2) 舌先はずっと当てたまま「ウ〜」と
言います。その時点でそれは L の
音。

※舌の両脇を呼気が通るのを意識
してください。それが大切です。

(3) ギリギリまで舌先を離さないで次の
母音を発音します。

> L だけトレーニング

　子音の L に意識を集中するため、後に付ける母音は聞き慣れた日本語の
「あいうえお」を使った「子音だけ英語トレーニング」を行います。まず、
録音音声をよく聞き、その後にまねをして発声してください。日本語にない
L 音の特徴を感じましょう。

MP3 447

●「L ア」

(1) L の形で舌先を歯ぐきに 1 秒ほど付けたまま「ウ〜」と言い、2 秒目に舌
先をグッと押して歯ぐきから離す瞬間に「L ア」と言います。これをリズ
ミカルに 4 回、8 秒かけて繰り返します。
　　LLLLL ア！　LLLLL ア！　LLLLL ア！　LLLLL ア！

(2) 次に 1 秒に「L ア」を 1 回、8 秒で 8 回言ってみます。
　　L ア！ L ア！ L ア！ L ア！ L ア！ L ア！ L ア！ L ア！

(3) 最後に、1 秒に「L ア」を 4 回、8 秒で 32 回言いましょう。
　　L ア L ア L ア L ア ………… L ア L ア L ア L ア！

●「Lイ」

同じ要領で「Lイ」も練習しましょう。

(1) 8秒で4回

    LLLLLイ！　LLLLLイ！　LLLLLイ！　LLLLLイ！

(2) 8秒で8回

    Lイ！Lイ！Lイ！Lイ！Lイ！Lイ！Lイ！Lイ！

(3) 8秒で32回

    LイLイLイLイLイ …………… LイLイLイLイLイ！

はい、かなりわかってきたのではないでしょうか。最後の「LイLイ」は、ほぼそのままで lily（ゆり）の発音になっています。

●「Lウ」

(1) 8秒で4回

    LLLLLウ！　LLLLLウ！　LLLLLウ！LLLLLウ！

(2) 8秒で8回

    Lウ！Lウ！Lウ！Lウ！Lウ！Lウ！Lウ！Lウ！

(3) 8秒で32回

    LウLウLウLウ ………… LウLウLウLウLウ！

これで、Honolulu の後半は発音できました。

●「Lエ」

(1) LLLLLエ！　LLLLLエ！　LLLLLエ！　LLLLLエ！

(2) Lエ！Lエ！Lエ！Lエ！Lエ！Lエ！Lエ！Lエ！

(3) LエLエLエLエ ………… LエLエLエLエ！

●「Lオ」

(1) LLLLLオ！　LLLLLオ！　LLLLLオ！　LLLLLオ！

(2) Lオ！Lオ！Lオ！Lオ！Lオ！Lオ！Lオ！Lオ！

(3) LオLオLオLオ ………… LオLオLオLオ！

❯ R はどう発音されるか

(1) 舌先を反らせて歯ぐきの後ろの方に近
づけます。近づけるだけで、どこにも
接触させてはいけません。

(2) キスをするようなつもりで**唇を丸め**
てすこし突き出します。

(3) その状態で「ウ〜」と言うとそれが R
の音になっています。

(4) 次の母音に移るとき、舌先をどこに
も**接触させないこと。**

※舌先を反らせない方法もあります。
「舌をのどの奥に引く」という感覚
で発音することもできます。やりや
すい方で構いませんが、ポイントは
「舌先をどこにも接触させない」こ
とです。

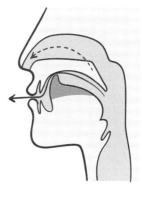

❯ R だけトレーニング

　子音の R だけに集中するために、「子音だけ英語トレーニング」を行いま
す。L 音とはもちろん、日本語のラ行音との違いを感じましょう。

MP3
448

●「R ア」

(1) 舌先を R のポジションで空中に保ち、1秒ほど「ウ〜」と言い、2秒目に
舌先をどこにも接触させずに「R ア」と言います。これをリズミカルに4
回、8秒かけて繰り返します。

RRRRR ア！　RRRRR ア！　RRRRR ア！RRRRR ア！

(2) 次に1秒に「R ア」を1回、8秒で8回言ってみます。

R ア！R ア！R ア！R ア！R ア！R ア！R ア！R ア！

(3) 最後に、1秒に「R ア」を4回、8秒で32回言いましょう。

R ア R ア R ア R ア …………… R ア R ア R ア R ア！

●「Rイ」

　同じ要領で「Rイ」も練習しましょう。「Rア」よりも難しいので、絶対に舌先をどこにも接触させないようにします。

(1) 8秒で4回

　　RRRRRイ！　RRRRRイ！　RRRRRイ！RRRRRイ！

(2) 8秒で8回

　　Rイ！Rイ！Rイ！Rイ！Rイ！Rイ！Rイ！Rイ！

(3) 8秒で32回

　　RイRイRイRイ …………… RイRイRイRイ！

●「Rウ」

やはり同様に「Rウ」を練習します。「Rイ」と同様に最難関ですが、舌先に神経を集中させて乗り切ってください。

(1) 8秒で4回

RRRRRウ！　RRRRRウ！　RRRRRウ！RRRRRウ！

(2) 8秒で8回

Rウ！Rウ！Rウ！Rウ！Rウ！Rウ！Rウ！Rウ！

(3) 8秒で32回

RウRウRウRウ ………… RウRウRウRウ！

これで、次の「Rエ」と「Rオ」は比較的楽に発音できるはずです。

●「Rエ」

(1) RRRRRエ！　RRRRRエ！　RRRRRエ！　RRRRRエ！

(2) Rエ！Rエ！Rエ！Rエ！Rエ！Rエ！Rエ！Rエ！

(3) RエRエRエRエ ………… RエRエRエRエ！

●「Rオ」

(1) RRRRRオ！　RRRRRオ！　RRRRRオ！　RRRRRオ！

(2) Rオ！Rオ！Rオ！Rオ！Rオ！Rオ！Rオ！Rオ！

(3) RオRオRオRオ ………… RオRオRオRオ！

Step 1 〉**耳慣らしウォームアップ**

今度はLとRを交互に聞いて、その違いを耳で感じてください。

MP3 449

(1) ＋ア音

L → R	Lアレア・Rアラア
	light light / right right
R → L	Rアラア・Lアレア
	right right / light light

(4) ＋エ音

L → R	Lエレエ・Rエレエ
	lest lest / rest rest
R → L	Rエレエ・Lエレエ
	rest rest / lest lest

(2) ＋イ音

L → R	Lイレイ・Rイレイ
	lead lead / read read
R → L	Rイレイ・Lイレイ
	read read / lead lead

(5) ＋オ音

L → R	Lオレオ・Rオレオ
	load load / road road
R → L	Rオレオ・Lオレオ
	road road / load load

(3) ＋ウ音

L → R	Lウレウ・Rウレウ
	loot loot / root root
R → L	Rウレウ・Lウレウ
	root root / loot loot

☑ **チェックポイント**

☐ 十分に聞き分けられた ⇒ 次の Step 2 〉へ進みましょう。

☐ いまひとつ聞き分けられない ⇒ 「**Lだけトレーニング**」（p. 110）と「**R だけトレーニング**」（p. 112）をやり直してから、もう一度チャレンジ。

十分に耳が慣れたところで L と R を聞き分けるトレーニングをしましょう。発音されている単語の方に ☑ を付けてください。（→解答 p. 168）平均して 5 問中 4 問を正解するまで繰り返してください。

MP3 450

Part 1 （L または R が語頭にある場合）

使う単語のペア：light（光）・right（右）／ lead（導く）・read（読む）／ loot（略奪する）・root（根）／ lest（〜でなければ）・rest（休み）／ load（積荷）・road（道路）

	1	2	3	4	5	正解数
Trial 1	☐ light ☐ right	☐ lead ☐ read	☐ loot ☐ root	☐ lest ☐ rest	☐ load ☐ road	／5

	1	2	3	4	5	正解数
Trial 2	☐ light ☐ right	☐ lead ☐ read	☐ loot ☐ root	☐ lest ☐ rest	☐ load ☐ road	／5

	1	2	3	4	5	正解数
Trial 3	☐ light ☐ right	☐ lead ☐ read	☐ loot ☐ root	☐ lest ☐ rest	☐ load ☐ road	／5

	1	2	3	4	5	正解数
Trial 4	☐ light ☐ right	☐ lead ☐ read	☐ loot ☐ root	☐ lest ☐ rest	☐ load ☐ road	／5

	1	2	3	4	5	正解数
Trial 5	☐ light ☐ right	☐ lead ☐ read	☐ loot ☐ root	☐ lest ☐ rest	☐ load ☐ road	／5

第3章

☑ **チェックポイント**

☐ 25 問中、正解が 20 問以上 ⇒ 次の **Part 2** へ進みましょう。

☐ 25 問中、正解が 19 問以下 ⇒ Step 1 （p. 114）をやり直してから、もう一度チャレンジ。

Part 2 (L または R が母音に挟まれている場合)

今度は L または R が母音に挟まれている場合です。L では舌先が歯ぐきから離れる瞬間が必ず聞こえるので、耳を澄ましてください。

使う単語のペア：belly（腹）・berry（果物のベリー）／ teller（窓口係）・terror（恐怖）／ collect（集める）・correct（正しい）／ alive（生きている）・arrive（到着する）／ shelly（貝殻の）・sherry（シェリー酒）

	1	2	3	4	5	正解数
Trial 1	☐ belly ☐ berry	☐ teller ☐ terror	☐ collect ☐ correct	☐ alive ☐ arrive	☐ shelly ☐ sherry	／5

	1	2	3	4	5	正解数
Trial 2	☐ belly ☐ berry	☐ teller ☐ terror	☐ collect ☐ correct	☐ alive ☐ arrive	☐ shelly ☐ sherry	／5

	1	2	3	4	5	正解数
Trial 3	☐ belly ☐ berry	☐ teller ☐ terror	☐ collect ☐ correct	☐ alive ☐ arrive	☐ shelly ☐ sherry	／5

	1	2	3	4	5	正解数
Trial 4	☐ belly ☐ berry	☐ teller ☐ terror	☐ collect ☐ correct	☐ alive ☐ arrive	☐ shelly ☐ sherry	／5

	1	2	3	4	5	正解数
Trial 5	☐ belly ☐ berry	☐ teller ☐ terror	☐ collect ☐ correct	☐ alive ☐ arrive	☐ shelly ☐ sherry	／5

☑ **チェックポイント**

☐ 25 問中、正解が 20 問以上 ⇒ 次の **Part 3** へ進みましょう。

☐ 25 問中、正解が 19 問以下 ⇒ Step 1 （p. 114）をやり直してから、もう一度チャレンジ。

Part 3 （L または R が子音の後ろにある場合）

　最後に L または R が子音連結（間に母音がなく、子音だけが続いていること）の一部になっている場合です。直前の子音の音に惑わされないでください。やはり L では舌先が歯ぐきから離れる音がします。

使う単語のペア：glass（ガラス）・grass（草）／ cloud（雲）・crowd（群衆）／ glow（光る）・grow（成長する）／ flight（飛ぶこと）・fright（恐怖）／ bland（味のない）・brand（銘柄、ブランド）

Trial 1	1	2	3	4	5	正解数
	☐ glass ☐ grass	☐ cloud ☐ crowd	☐ glow ☐ grow	☐ flight ☐ fright	☐ bland ☐ brand	／5

Trial 2	1	2	3	4	5	正解数
	☐ glass ☐ grass	☐ cloud ☐ crowd	☐ glow ☐ grow	☐ flight ☐ fright	☐ bland ☐ brand	／5

Trial 3	1	2	3	4	5	正解数
	☐ glass ☐ grass	☐ cloud ☐ crowd	☐ glow ☐ grow	☐ flight ☐ fright	☐ bland ☐ brand	／5

Trial 4	1	2	3	4	5	正解数
	☐ glass ☐ grass	☐ cloud ☐ crowd	☐ glow ☐ grow	☐ flight ☐ fright	☐ bland ☐ brand	／5

Trial 5	1	2	3	4	5	正解数
	☐ glass ☐ grass	☐ cloud ☐ crowd	☐ glow ☐ grow	☐ flight ☐ fright	☐ bland ☐ brand	／5

第3章

☑ チェックポイント

☐ 25 問中、正解が 20 問以上 ⇒ 次の Step 3 へ進みましょう。

☐ 25 問中、正解が 19 問以下 ⇒ Step 1 （p. 114）をやり直してから、もう一度チャレンジ。

文の中でLとRを聞き分けましょう。

MP3
453

Part 1 (L または R が語頭にある場合)

1 ～ 14 の文を聞き、中で使われているのが / l / を含む単語なのか / r / を含む単語なのかチェックしましょう。正解は次ページです。

■ **light（光）・right（右）**
1. □ l・□ r
2. □ l・□ r

■ **lead（鉛）・red（赤）**
3. □ l・□ r
4. □ l・□ r

rooterとlooter

■ **leader（指導者）・reader（読者）**
5. □ l・□ r
6. □ l・□ r

■ **load（たっぷり）・road（道路）**
7. □ l・□ r
8. □ l・□ r

■ **lock（固定する）・rock（揺する）**
9. □ l・□ r
10. □ l・□ r

■ **leech（〈血を吸う〉ヒル）・reach（連絡がつく）**
11. □ l・□ r
12. □ l・□ r

■ **rooter（応援するサポーター）・looter（店を襲撃して略奪行為をする暴徒）**
13. □ l・□ r
14. □ l・□ r

✅トレーニングの解答と訳 ......

(1) 文を見ながら再度音声を聞き、どちらの音であったか確認しましょう。

(2) 納得できたら、録音音声をまねて文を音読してみましょう。

1.	/r/ Could you turn to the right please?	右に曲がっていただけますか。
2.	/l/ Could you turn on the light please?	明かりをつけていただけますか。
3.	/l/ When was the lead pencil invented?	鉛筆はいつ発明されたのか。
4.	/r/ Why do animators use red pencils?	アニメーターは、なぜ赤鉛筆を使うのか。
5.	/l/ I think he is a natural leader.	彼は生まれながらの指導者だと思う。
6.	/r/ I know she is a careful reader.	彼女は注意深い読み手だと私は知っている。
7.	/r/ There's a lot of rubbish on the road.	道路にごみがたくさん落ちている。
8.	/l/ No. That's a load of rubbish.	いいや。それはまったくのでたらめだ。
9.	/r/ She rocked the baby back and forth.	彼女は赤ん坊を前後に揺すった。
10.	/l/ She's locked in a 10-year contract.	彼女は 10 年契約に縛られている。
11.	/l/ My boyfriend found a leech on his leg.	彼氏は、右足にヒルがいるのに気づいた。
12.	/r/ I can't reach my boyfriend.	彼氏に連絡がつかないの。
13.	/l/ The street was full of excited looters.	通りは興奮して略奪を行う暴徒でいっぱいだった。
14.	/r/ The street was full of excited rooters.	通りは興奮したサポーターでいっぱいだった。

☑チェックポイント

□ 14 問中、正解が 10 問以上 ⇒ 次の **Part 2** へ進みましょう

□ 14 問中、正解が 9 問以下 ⇒ もう一度チャレンジ。

第 3 章

Part 2 （L または R が語中にある場合）

　1〜14の文を聞き、中で使われているのが / l / を含む単語なのか / r / を含む単語なのかチェックしましょう。正解は次ページです。

■ **bland（味がない）・brand（商標）**
1. ☐ l ・☐ r
2. ☐ l ・☐ r

■ **cloud（雲、クラウド）・crowd（群衆）**
3. ☐ l ・☐ r
4. ☐ l ・☐ r

cloud と crowd

■ **glow（光る）・grow（成長する）**
5. ☐ l ・☐ r
6. ☐ l ・☐ r

■ **blush（赤面する）・brush（軽い接触）**
7. ☐ l ・☐ r
8. ☐ l ・☐ r

■ **flight（階段）・fright（恐怖）**
9. ☐ l ・☐ r
10. ☐ l ・☐ r

■ **belly（腹）・berry（ベリー類）**
11. ☐ l ・☐ r
12. ☐ l ・☐ r

■ **teller（窓口係）・terror（恐怖）**
13. ☐ l ・☐ r
14. ☐ l ・☐ r

✅ トレーニングの解答と訳

(1) 文を見ながら再度音声を聞き、どちらの音であったか確認しましょう。

(2) 納得できたら、録音音声をまねて文を音読してみましょう。

1. /l/	Who says tofu is a bland food? It has rich flavor!	豆腐は味がない食品だなんて誰が言うんだ？ 豊かな風味がある！
2. /r/	This tofu brand is quite famous for its flavor.	この豆腐の銘柄は、その風味でかなり有名だ。
3. /r/	A huge crowd gathered outside the store.	大群衆がその店の外に集まった。
4. /l/	All the data are stored in the cloud.	全データはクラウドに保存される。
5. /l/	The stars were glowing in the sky.	星が空に輝いていた。
6. /r/	Some child stars grow up too fast.	子役スターの一部は、あまりに速く大人になってしまう。
7. /l/	I know I blush every time I talk to her.	彼女と話すたび、自分が赤面しているのに気づいている。
8. /r/	A brush with death can change a person.	死ぬかもしれないような体験をすると、人は変わることがある。
9. /r/	Do you ever suffer from stage fright?	君は舞台であがることがあるの？
10. /l/	She walked down a flight of stairs off stage.	彼女は舞台からの階段を降りた。
11. /l/	Soldiers are crawling on their bellies.	兵士たちは腹ばいで前進している。
12. /r/	Why are berries good for your health?	なぜベリー類は健康によいのだろうか。
13. /l/	I couldn't catch what the teller was saying.	窓口係が言っていることが聞き取れなかった
14. /r/	The terror is real for many of those living in war zones.	戦闘地域に暮らしている人々にとって、その恐怖は現実のものである。

☑ チェックポイント

☐ 14 問中、正解が 10 問以上 ⇒ 次の **Part 3** へ進みましょう

☐ 14 問中、正解が 9 問以下 ⇒ もう一度チャレンジ。

Part 3 （L または R が語頭・語中にある場合）

　それぞれの文を聞き、中で使われているのが / l / を含む単語なのか / r / を含む単語なのかチェックしましょう。正解は次ページです。

■ **alive（生きている）・arrive（到着する）**
　1.　☐ l・☐ r
　2.　☐ l・☐ r

■ **loyal（忠実な）・royal（皇族の）**
　＊語頭の音について
　3.　☐ l・☐ r
　4.　☐ l・☐ r

royal と loyal

■ **loyalty（忠誠）・royalty（印税）**
　5.　☐ l・☐ r
　6.　☐ l・☐ r

■ **collecting（集めている）・correcting（訂正している）**
　7.　☐ l・☐ r
　8.　☐ l・☐ r

■ **glass（ガラス）・grass（芝生）**
　9.　☐ l・☐ r
　10.　☐ l・☐ r

■ **glean（集める）・green（緑の）**
　11.　☐ l・☐ r
　12.　☐ l・☐ r

■ **play（遊ぶ）・prey（餌食にする）**
　13.　☐ l・☐ r
　14.　☐ l・☐ r

トレーニングの解答と訳

(1) 文を見ながら再度音声を聞き、どちらの音であったか確認しましょう。

(2) 納得できたら、録音音声をまねて文を音読してみましょう。

1. /l/ I feel more alive than ever.	生きてるって実感がある。
2. /r/ I arrived a bit earlier than usual.	いつもよりちょっと早く着いた。
3. /r/ Didn't you know that William is a royal man?	ウィリアムが皇族だと知らなかったの？
4. /l/ Didn't you think that William is a loyal man?	ウィリアムは誠実な男だと思わなかった？
5. /r/ The writer gets a 10% royalty on each copy of his book.	その作家は、自分の本が1冊売れるたびに10パーセントの印税を得る。
6. /l/ The writer commands great loyalty from her fans.	その作家はファンから熱烈な支持を受けている。
7. /l/ The teacher is collecting his students' errors.	その教師は生徒の誤りを収集している。
8. /r/ The teacher is correcting his students' errors.	その教師は生徒の誤りを訂正している。
9. /r/ I walked on the grass barefoot.	私は芝生の上をはだしで歩いた。
10. /l/ I walked on the broken glass barefoot.	私は割れたガラスをはだしで踏んだ。
11. /l/ We're trying to glean information.	私たちは情報を集めようとしている。
12. /r/ What is green information technology?	グリーン情報技術とはどのようなものですか。
13. /r/ Cats prey on many kinds of animals.	ネコはさまざまな動物を餌にする。
14. /l/ The cats are just playing, not fighting.	あのネコたちは、遊んでいるだけで、けんかをしているのではない。

チェックポイント

- □ 14問中、正解が10問以上 ⇒ 次の » **Lesson 42** へ進みましょう
- □ 14問中、正解が9問以下 ⇒ もう一度チャレンジ。

B と V を聞き分ける

▶ B はどう発音されるか

B は日本語にもある音なのですが、改め
て確認しましょう。

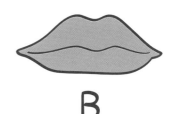

(1) 口を閉じ、**上唇と下唇をやや力を入れ
て合わせます**。

(2) 声帯を振動させながら肺からの息を口
に送り込み、**勢いよく唇を離しながら**
「あ！」と言うと、それが「B ア」の
音です。

(3) 笑顔になると歯ぐきまで見えるタイプの人は、日本語の「バ行」を発音
するときに、必ずしも上唇と下唇を閉じない場合があります。**英語の B
では必ず閉じましょう**。

▶ V はどう発音されるか

**(1) 下唇の内側を上前歯にごく軽くソフト
に当てます**。

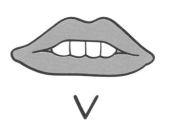

(2) その隙間から「ウ〜」と声を出すと、
それが V の音です。

(3) B と違って V の音は**伸ばすことがで
きます**。それが大きな特徴です。端
切れのよい B と違って、歯切れの悪
い、**空気が漏れるような音**です。

▶ V だけトレーニング

V 音に関して、母音には聞き慣れた日本語の「あいうえお」を使った「子音
だけ英語トレーニング」を行いましょう。

●「V ア」

(1) Vの形で下唇の内側を上前歯に1秒ほど付けたまま「ヴ〜」と言い、2秒目に下唇を上前歯からじわりと離しながら「V ア」と言います。これをリズミカルに4回、8秒かけて繰り返します。

VVVVV ア！　VVVVV ア！　VVVVV ア！　VVVVV ア！

(2) 次に1秒に「V ア」を1回、8秒で8回言ってみます。

V ア！ V ア！ V ア！ V ア！ V ア！ V ア！ V ア！ V ア！

(3) 最後に、1秒に「V ア」を4回、8秒で32回言いましょう。

V ア V ア V ア V ア ………… V ア V ア V ア V ア！

●「V イ」

(1) 8秒で4回

VVVVV イ！　VVVVV イ！　VVVVV イ！ VVVVV イ！

(2) 8秒で8回

V イ！ V イ！ V イ！ V イ！ V イ！ V イ！ V イ！ V イ！

(3) 8秒で32回

V イ V イ V イ V イ ………… V イ V イ V イ V イ！

●「ウ」

(1) VVVVV ウ！　VVVVV ウ！　VVVVV ウ！ VVVVV ウ！

(2) V ウ！ V ウ！ V ウ！ V ウ！ V ウ！ V ウ！ V ウ！ V ウ！

(3) V ウ V ウ V ウ V ウ ………… V ウ V ウ V ウ V ウ！

●「V エ」

(1) VVVVV エ！　VVVVV エ！　VVVVV エ！　VVVVV エ！

(2) V エ！ V エ！ V エ！ V エ！ V エ！ V エ！ V エ！ V エ！

(3) V エ V エ V エ V エ ………… V エ V エ V エ V エ！

●「V オ」

(1) VVVVV オ！　VVVVV オ！　VVVVV オ！　VVVVV オ！

(2) V オ！ V オ！ V オ！ V オ！ V オ！ V オ！ V オ！ V オ！

(3) V オ V オ V オ V オ ………… V オ V オ V オ V オ！

第3章

❯聞き分けトレーニング

Step 1 **耳慣らしウォームアップ**

今度は B と V を交互に聞いて、その違いを耳で感じてください。

MP3
457

（1）＋ア音

B → V	Bアバア・Vアヴァ
	ban ban / van van
V → B	Vアヴァ・Bアバア
	van van / ban ban

（2）＋イ音

B → V	Bイビイ・Vイヴィ
	beer beer / veer veer
V → B	Vイヴィ・Bイビイ
	veer veer / beer beer

（3）＋ウ音

B → V	Bウブウ・Vウヴゥ
	rebel rebel / revel revel
V → B	Vウヴゥ・Bウブウ
	revel revel / rebel rebel

（4）＋エ音

B → V	Bエベエ・Vエヴェ
	best best / vest vest
V → B	Vエヴェ・Bエベエ
	vest vest / best best

（5）＋オ音

B → V	Bオボオ・Vオヴォ
	boat boat / vote vote
V → B	Vオヴォ・Bオボオ
	vote vote / boat boat

☑チェックポイント

☐ 十分に聞き分けられた ⇒ 次の Step 2 へ進みましょう。

☐ いまひとつ聞き分けられない ⇒ 「V だけトレーニング」（p. 124）をやり直してから、もう一度チャレンジ。

十分に耳が慣れたところでBとVを聞き分けるトレーニングをしましょう。発音されている単語の方に ☑ を付けてください。（→解答 p. 169）平均して5問中4問を正解するまで繰り返してください。

MP3
458

Part 1 （BまたはVが語頭にある場合）

使う単語のペア：ban（禁止）・van（小型トラック）／ bet(賭ける)・vet（獣医）／ bowel（腸）・vowel（母音）／ boat（船）・vote（投票）／ berry（ベリー類）・very（非常に）

	1	2	3	4	5	正解数
Trial 1	☐ ban ☐ van	☐ bet ☐ vet	☐ bowel ☐ vowel	☐ boat ☐ vote	☐ berry ☐ very	／5

	1	2	3	4	5	正解数
Trial 2	☐ ban ☐ van	☐ bet ☐ vet	☐ bowel ☐ vowel	☐ boat ☐ vote	☐ berry ☐ very	／5

	1	2	3	4	5	正解数
Trial 3	☐ ban ☐ van	☐ bet ☐ vet	☐ bowel ☐ vowel	☐ boat ☐ vote	☐ berry ☐ very	／5

	1	2	3	4	5	正解数
Trial 4	☐ ban ☐ van	☐ bet ☐ vet	☐ bowel ☐ vowel	☐ boat ☐ vote	☐ berry ☐ very	／5

	1	2	3	4	5	正解数
Trial 5	☐ ban ☐ van	☐ bet ☐ vet	☐ bowel ☐ vowel	☐ boat ☐ vote	☐ berry ☐ very	／5

第3章

☑ **チェックポイント**

☐ 25問中、正解が20問以上 ⇒ 次の **Part 2** へ進みましょう。

☐ 25問中、正解が19問以下 ⇒ Step 1 （p. 126）をやり直してから、もう一度チャレンジ。

Part 2 （B または V が語頭以外にある場合）

今度は B または V が単語の途中や最後に出てくる場合の聞き分けをしてみましょう。

使う単語のペア：saber（軍刀）・saver（節約装置）／ fiber（食物繊維）・fiver（5ドル札）／ rebel（反乱者）・revel（浮かれて楽しむ）／ TB（結核 tuberculosis の略）・TV（テレビ）／ curbing（縁石）・curving（曲線を描く）

	1	2	3	4	5	正解数
Trial 1	☐ saber ☐ saver	☐ fiber ☐ fiver	☐ rebel ☐ revel	☐ TB ☐ TV	☐ curbing ☐ curving	／5

	1	2	3	4	5	正解数
Trial 2	☐ saber ☐ saver	☐ fiber ☐ fiver	☐ rebel ☐ revel	☐ TB ☐ TV	☐ curbing ☐ curving	／5

	1	2	3	4	5	正解数
Trial 3	☐ saber ☐ saver	☐ fiber ☐ fiver	☐ rebel ☐ revel	☐ TB ☐ TV	☐ curbing ☐ curving	／5

	1	2	3	4	5	正解数
Trial 4	☐ saber ☐ saver	☐ fiber ☐ fiver	☐ rebel ☐ revel	☐ TB ☐ TV	☐ curbing ☐ curving	／5

	1	2	3	4	5	正解数
Trial 5	☐ saber ☐ saver	☐ fiber ☐ fiver	☐ rebel ☐ revel	☐ TB ☐ TV	☐ curbing ☐ curving	／5

☑ **チェックポイント**

☐ 25問中、正解が20問以上 ⇒ 次の **Part 3** へ進みましょう。

☐ 25問中、正解が19問以下 ⇒ Step 1 （p. 126）をやり直してから、もう一度チャレンジ。

Part 3 （頭字語の中の B と V）

MP3 460

複数の単語の頭文字を集めて作られた「頭字語」には、B と V の 1 文字違いのものがたくさんあります。ペアになっている頭字語のうち、発音されている方を選びましょう。

1. ☐ AB ・ ☐ AV
2. ☐ AB ・ ☐ AV
3. ☐ BB ・ ☐ VB
4. ☐ BB ・ ☐ VB
5. ☐ DB ・ ☐ DV
6. ☐ DB ・ ☐ DV
7. ☐ DBD ・ ☐ DVD
8. ☐ DBD ・ ☐ DVD
9. ☐ NBA ・ ☐ NVA
10. ☐ NBA ・ ☐ NVA
11. ☐ SUB ・ ☐ SUV
12. ☐ SUB ・ ☐ SUV
13. ☐ BBA ・ ☐ VBA
14. ☐ BBA ・ ☐ VBA

AVとNBA

☑ **チェックポイント**

☐ 14 問中、正解が 10 問以上 ⇒ 次の [Step 3] へ進みましょう。

☐ 14 問中、正解が 9 問以下 ⇒ [Step 1]（p. 126）をやり直してから、もう一度チャレンジ。

文の中でＢとＶを聞き分けましょう。

Part 1（ＢまたはＶが語頭にある場合）

MP3
461

　1 〜 14 の文を聞き、中で使われているのが / b / を含む単語なのか / v / を含む単語なのかチェックしましょう。正解は次ページです。

■ **boat（船）・vote（票）**

　　1.　□ b・□ v

　　2.　□ b・□ v

■ **ban（禁止）・van（小型トラック）**

　　3.　□ b・□ v

　　4.　□ b・□ v

■ **bow（お辞儀する）・vow（誓う）**

　　5.　□ b・□ v

　　6.　□ b・□ v

■ **best（最良の）・vest（ベスト、胴着）**

　　7.　□ b・□ v

　　8.　□ b・□ v

bow と vow

■ **biking（自転車に乗ること）・Viking（バイキング〈北欧の海賊〉）**

　　9.　□ b・□ v

　　10.　□ b・□ v

■ **bolt（稲妻）・volt（ボルト〈電圧の単位〉）**

　　11.　□ b・□ v

　　12.　□ b・□ v

■ **beer（ビール）・veer（それる）**

　　13.　□ b・□ v

　　14.　□ b・□ v

✅トレーニングの解答と訳 ·····································

(1) 文を見ながら再度音声を聞き、どちらの音であったか確認しましょう。

(2) 納得できたら、録音音声をまねて文を音読してみましょう。

1.	/v/ We can only decide this by vote.	これは投票でしか決められない。
2.	/b/ The cave can only be reached by boat.	その洞窟にはボートでしか行けない。
3.	/v/ The roof of the van can be lifted.	そのバンの屋根はリフトアップできる。
4.	/b/ The ban is going to be lifted soon.	その禁止はもうすぐ解除される。
5.	/b/ He bowed his head in shame.	彼は恥じて頭を垂れた。
6.	/v/ He vowed to tell the truth.	彼は真実を述べると誓った。
7.	/v/ Life vests were available on the boat.	そのボートにはライフベストがある。
8.	/b/ What is the best life jacket for a child?	子ども用のライフジャケットで一番いいのはどれ？
9.	/b/ Hey, it's a perfect day for biking.	ねえ、最高のサイクリング日和だよ。
10.	/v/ Do you think you have Viking DNA?	あなたにはバイキングの DNA があると思う？
11.	/v/ How many volts does it say on the package?	そのパッケージには何ボルトと書いてありますか。
12.	/b/ The car was struck by a lightning bolt.	その車は落雷に撃たれた。
13.	/b/ I ordered a beer of course.	私はもちろんビールを頼んだ。
14.	/v/ I veered off course before I knew.	知らないうちにコースからそれた。

☑チェックポイント

☐ 14 問中、正解が 10 問以上 ⇒ 次の **Part 2** へ進みましょう

☐ 14 問中、正解が 9 問以下 ⇒ もう一度チャレンジ。

Part 2

1〜14の文を聞き、中で使われているのが / b / を含む単語なのか / v / を含む単語なのかチェックしましょう。正解は次ページです。

■ **bail（保釈）・veil（ベール）**
1.　□ b・□ v
2.　□ b・□ v

■ **bat（コウモリ）・vat（大桶）**
3.　□ b・□ v
4.　□ b・□ v

bat と vat

■ **bet（賭ける）・vet（獣医師）**
5.　□ b・□ v
6.　□ b・□ v

■ **bent（曲げられた）・vent（発散させる）**
7.　□ b・□ v
8.　□ b・□ v

■ **bury（埋める）・very（非常に）**
9.　□ b・□ v
10.　□ b・□ v

■ **dub（吹き替えする）・dove（ハト）**
11.　□ b・□ v
12.　□ b・□ v

■ **rebel（反乱者）・revel（大いに楽しむ）**
13.　□ b・□ v
14.　□ b・□ v

⊘トレーニングの解答と訳 ....

(1) 文を見ながら再度音声を聞き、どちらの音であったか確認しましょう。

(2) 納得できたら、録音音声をまねて文を音読してみましょう。

1. /b/ The arrested woman was out on bail. 　逮捕された女は保釈中だった。

2. /v/ A hijab is a veil worn by some Islamic women. 　ヒジャブとはイスラム教徒の女性の一部がまとっているベールだ。

3. /v/ The juice collected is stored in a vat for 24 hours. 　集められた果汁は 24 時間バット（大桶）の中に保管される。

4. /b/ A single bat can eat up to 1200 insects every hour. 　1 匹のコウモリは毎時間 1200 匹もの昆虫を食べることができる。

5. /v/ I'm taking the cat to the vet today. 　今日、ネコを病院に連れて行く。

6. /b/ Something is wrong with the cat, I bet. 　あのネコにはきっとどこか悪いところがあると思う。

7. /b/ In reality, the rule is often bent. 　現実には、よく規則は曲げられる。

8. /v/ Don't vent your anger on me. 　私を怒りのはけ口にしないで。

9. /v/ Trees are very important for the environment. 　樹木は環境にとって非常に重要だ。

10. /b/ In this area, trees are buried in the snow during winter. 　この地域では、冬には木々は雪に埋もれる。

11. /v/ He is considered a dove in a party of hawks. 　彼は、タカ派の集団の中ではハト派と目されている。

12. /b/ This program has been dubbed into many languages. 　この番組は何カ国語にも吹き替えられている。

13. /b/ The rebels were forced to surrender. 　反乱軍は降伏させられた。

14. /v/ He revels in doing things that surprise people. 　彼は人を驚かせるようなことをするのが好きだ。

☑チェックポイント

☐ 14 問中、正解が 10 問以上 ⇒ 次の **Part 3** へ進みましょう

☐ 14 問中、正解が 9 問以下 ⇒ もう一度チャレンジ。

Part 3

1〜12の文を聞き、中で使われているのが / b / を含む単語なのか / v / を含む単語なのかチェックしましょう。正解は次ページです。

■ **banish（追放する）・vanish（消える）**

1.　□ b・□ v
2.　□ b・□ v

■ **curb（抑制）・curve（曲線）**

3.　□ b・□ v
4.　□ b・□ v

■ **bowel（腸）・vowel（母音）**

5.　□ b・□ v
6.　□ b・□ v

■ **curb（抑制する）・curve（曲げる）**

7.　□ b・□ v
8.　□ b・□ v

■ **lightsaber（ライトセーバー〈映画『スター・ウォーズ』に登場する架空の武器〉）・LightSaver（ライトセーバー〈照明を節約する機器〉）**

9.　□ b・□ v
10.　□ b・□ v

■ **Bieber（ジャスティン・ビーバー）・beaver（動物のビーバー）**

11.　□ b・□ v
12.　□ b・□ v

banishと vanish

✅トレーニングの解答と訳 ·······

(1) 文を見ながら再度音声を聞き、どちらの音であったか確認しましょう。

(2) 納得できたら、録音音声をまねて文を音読してみましょう。

1. /b/ Try to banish the bad memory from your mind.
その嫌な記憶を心から消すよう努めなさい。

2. /v/ Hundreds of species are vanishing every year.
毎年何百もの生物種が絶滅している。

3. /v/ The forgetting curve is about how information is lost over time.
忘却曲線とは、情報がどのように時間の経過とともに失われるかを表わすものだ。

4. /b/ You need to put a curb on your spending.
あなたは出費を抑える必要がある。

5. /v/ Regional differences are found in vowels.
母音には地域差がある。

6. /b/ How often are you having a bowel movement?
便通はどのくらいの頻度でありますか。

7. /b/ Curbing world population growth is necessary.
世界人口の増加を抑制する必要がある。

8. /v/ Curving a ball is easy if you know the right trick.
カーブを投げるのは、正しいコツを知っていれば簡単だ。

9. /b/ The child was playing with a toy lightsaber.
子どもがおもちゃのライトセーバーで遊んでいた。

10. /v/ Our LightSaver will cut your electricity bill in half.
私どものライトセーバーは電気代を半分にします。

11. /v/ Hey! A beaver is back in New York City.
ねえ、ニューヨーク市にビーバーが戻っているんだって。

12. /b/ I loved "Baby" but now I hate Bieber.
「ベイビー」は好きだったけど、今はビーバーが嫌いだ。

第3章

☑チェックポイント

☐ 12 問中、正解が 9 問以上 ⇒ 次の ≫ **Lesson 43** へ進みましょう

☐ 12 問中、正解が 8 問以下 ⇒ もう一度チャレンジ。

SとTHのミニマル・ペア

❯ Sはどう発音されるか

　Sは日本語にもある音ですが、発音のしかたを
念のため確認しておきます。舌先を上の歯ぐきに
近づけ、その隙間から「ス」と息を出すとSの音
になります。「サシスセソ」では、「**サ**」「**ス**」「**セ**」
「**ソ**」はこのSの音で始まりますが、「**シ**」だけは
別の音（SHの音）であることに注意してくださ
い。

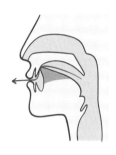

❯ THはどう発音されるか

(1) **舌先を上前歯**にしっかり付けて息の通り道を
　　ふさぎます。

(2) 舌と歯の間から**無理やり息を出します**。あま
　　り**音は聞こえない**のが正解。

(3) 次に母音を発音するときに舌先が歯から離れ
　　ます。

　　　※THには「濁ったTH」と「澄んだTH」の
　　　2種類があります。(2) で息の代わりに声
　　　を出せば「濁ったTH」になります。「濁
　　　ったTH」の方は別の音と混同されるケースは比較的少ないので、こ
　　こでは「澄んだTH」の方だけを扱います。発音記号は / θ / です。

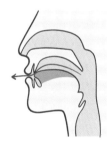

❯ THだけトレーニング

　TH音に関して、母音は聞き慣れた日本語の「あいうえお」を使った「子
音だけ英語トレーニング」を行いましょう。

MP3
464

「TH ア」

(1) TH の形で舌先を上前歯に1秒ほど付けたまま息を出し、2秒目に舌先を離しながら「TH ア」と言います。これをリズミカルに4回、8秒かけて繰り返します。

TH ～ア！　TH ～ア！　TH ～ア！　TH ～ア！

(2) 次に1秒に「TH ア」を1回、8秒で8回言ってみます。

TH ア！TH ア！TH ア！TH ア！TH ア！TH ア！TH ア！TH ア！

(3) 最後に、1秒に「TH ア」を4回、8秒で32回言いましょう。

TH ア TH ア TH ア TH ア …………… TH ア TH ア TH ア TH ア！

「TH イ」

(1) 8秒で4回

TH ～イ！　TH ～イ！　TH ～イ！　TH ～イ！

(2) 8秒で8回

TH イ！TH イ！TH イ！TH イ！TH イ！TH イ！TH イ！TH イ！

(3) 8秒で32回

TH イ TH イ TH イ TH イ …………… TH イ TH イ TH イ TH イ！

「TH ウ」

(1) TH ～ウ！　TH ～ウ！　TH ～ウ！　TH ～ウ！

(2) TH ウ！TH ウ！TH ウ！TH ウ！TH ウ！TH ウ！TH ウ！TH ウ！

(3) TH ウ TH ウ TH ウ TH ウ ...TH ウ TH ウ TH ウ TH ウ！

「TH エ」

(1) TH ～エ！　TH ～エ！　TH ～エ！　TH ～エ！

(2) TH エ！TH エ！TH エ！TH エ！TH エ！TH エ！TH エ！TH エ！

(3) TH エ TH エ TH エ TH エ ...TH エ TH エ TH エ TH エ！

「TH オ」

(1) TH ～オ！　TH ～オ！　TH ～オ！　TH ～オ！

(2) TH オ！TH オ！TH オ！TH オ！TH オ！TH オ！TH オ！TH オ！

(3) TH オ TH オ TH オ TH オ ………… TH オ TH オ TH オ TH オ！

第3章

137

▶聞き分けトレーニング

Step 1 〉 耳慣らしウォームアップ

今度は S と TH を交互に聞いて、その違いを耳で感じてください。

MP3 465

(1) ＋ア音

S → TH	S ア S ア・TH ア TH ア
	sank sank / thank thank
TH → S	TH ア TH ア・S ア S ア
	thank thank / sank sank

(2) ＋ア音

S → TH	S ア S ア・TH ア TH ア
	sigh sigh / thigh thigh
TH → S	TH ア TH ア・S ア S ア
	thigh thigh / sigh sigh

(3) ＋イ音

S → TH	S イ S イ・TH イ TH イ
	sick sick / thick thick
TH → S	TH イ TH イ・S イ S イ
	thick thick / sick sick

sick と thick

(4) ＋オ音

S → TH	S オ S オ・TH オ TH オ
	sought sought / thought thought
TH → S	TH オ TH オ・S オ S オ
	thought thought / sought sought

☑チェックポイント

☐ 十分に聞き分けられた ⇒ 次の Step 2 〉へ進みましょう。

☐ いまひとつ聞き分けられない ⇒ 「**THだけトレーニング**」（p. 136）を
やり直してから、もう一度チャレンジ。

単語の聞き分けトレーニング

　十分に耳が慣れたところでSとTHのどちらを言っているか、聞き分けるトレーニングをしましょう。発音されている単語の方に ☑ を付けてください。（→解答 p. 170）平均して5問中4問を正解するまで繰り返してください。

Part 1 （S または TH が語頭にある場合）

使う単語のペア：sank（沈んだ）・thank（感謝する）／ sum（合計）・thumb（親指）／ sick（病気の）・thick（厚い）／ sing（歌う）・thing（もの）／ saw（のこぎり）・thaw（溶ける）

	1	2	3	4	5	正解数
Trial 1	☐ sank ☐ thank	☐ sum ☐ thumb	☐ sick ☐ thick	☐ sing ☐ thing	☐ saw ☐ thaw	／5

	1	2	3	4	5	正解数
Trial 2	☐ sank ☐ thank	☐ sum ☐ thumb	☐ sick ☐ thick	☐ sing ☐ thing	☐ saw ☐ thaw	／5

	1	2	3	4	5	正解数
Trial 3	☐ sank ☐ thank	☐ sum ☐ thumb	☐ sick ☐ thick	☐ sing ☐ thing	☐ saw ☐ thaw	／5

	1	2	3	4	5	正解数
Trial 4	☐ sank ☐ thank	☐ sum ☐ thumb	☐ sick ☐ thick	☐ sing ☐ thing	☐ saw ☐ thaw	／5

	1	2	3	4	5	正解数
Trial 5	☐ sank ☐ thank	☐ sum ☐ thumb	☐ sick ☐ thick	☐ sing ☐ thing	☐ saw ☐ thaw	／5

第3章

☑ **チェックポイント**

☐ 25問中、正解が20問以上 ⇒ 次の **Part 2** へ進みましょう。

☐ 25問中、正解が19問以下 ⇒ Step 1 （p. 138）をやり直してから、もう一度チャレンジ。

Part 2 （S または TH が語末にある場合））

　今度は S または TH が単語の最後に来る場合です。母音が続いていないと聞き分けは難しくなりますが、S の方が TH より耳に鋭く響きます。

使う単語のペア：mass（塊）・math（数学）／ face（顔）・faith（信念）／ miss（見逃す）・myth（神話）／ tense（緊張した）・tenth（10 番目）／ gross（荒い）・growth（成長）

	1	2	3	4	5	正解数
Trial 1	□ mass □ math	□ face □ faith	□ miss □ myth	□ tense □ tenth	□ gross □ growth	／5
Trial 2	□ mass □ math	□ face □ faith	□ miss □ myth	□ tense □ tenth	□ gross □ growth	／5
Trial 3	□ mass □ math	□ face □ faith	□ miss □ myth	□ tense □ tenth	□ gross □ growth	／5
Trial 4	□ mass □ math	□ face □ faith	□ miss □ myth	□ tense □ tenth	□ gross □ growth	／5
Trial 5	□ mass □ math	□ face □ faith	□ miss □ myth	□ tense □ tenth	□ gross □ growth	／5

☑ **チェックポイント**

□ 25 問中、正解が 20 問以上 ⇒ 次の Step 3 へ進みましょう。

□ 25 問中、正解が 19 問以下 ⇒ Step 1 （p. 138）をやり直してから、もう一度チャレンジ。

シャワーのように聞くか、字幕を読みながら聞くか

「英語を、シャワーを浴びるように聞く」という表現は昔からありました。巷の英語教材の中にも「ただ聞き流すだけで、ある日突然、英語が聞き取れるようになった！」という体験談を売りにしているものがあります。

　しかし夢を壊すようですが、「シャワーを浴びるように」つまり「肌の上をただただ水が流れるように、純粋な『音』としての英語音声を聞き続ける」だけでリスニング力が向上することはありません。**意味がわからない音声を何千回聞いても意味がわかるようにはなりませんし、リスニング力も変化しません。**考えてみれば当たり前ですね。リスニングの上達のためには、「理解できるインプット」が不可欠なのです。

　では意味不明の音の連続を「理解できるインプット」に変えるための方法として、字幕の利用はどうでしょうか。映画やドラマの英語字幕は確かに「内容理解」の助けになります。しかしそこには落とし穴があります。**字幕つきで音声を聞いても、リスニング力の向上にはなかなかつながらない**のです。なぜでしょうか。それは、聴覚情報（音声）と視覚情報（文字）が同時に提示されると視覚情報が勝ってしまうからです。つまり、字幕を目で追っていると、実は音声が聞こえていないのに聞こえたと錯覚してしまうのです。いくらセリフが理解できたとしても、それはかなりの部分が視覚の文字の助けによっているため、純粋な「リスニング」の力が鍛えられません。ある意味で、**字幕は「理解度向上の味方」**である反面、**「リスニング力向上の敵」**なのです。

　この字幕の特性を承知した上でリスニング力向上に役立てるには、どうすればよいでしょう。正解は、**使われている単語や表現を字幕に頼っていったん理解したら、今度は字幕を消した状態で再度聞くことです。**純粋な音声だけを聞いて「確かに聞き取れる！」という体験を繰り返していけば、新しい場面で英語音声を聞いても、それが最初から聞き取れる度合いが高まっていきます。字幕はリスニング力養成にとっては両刃の剣です。うまく利用することが大切です。

文の中で S と TH を聞き分けましょう。

Part 1 （S または TH が語頭にある場合）

　1 ～ 14 の文を聞き、中で使われているのが / s / を含む単語なのか / θ / を含む単語なのかチェックしましょう。正解は次ページです。

■ **sick（吐き気がする）・thick（濃い）**

　1.　□ s・□ θ
　2.　□ s・□ θ

■ **sank（沈んだ）・thank（感謝する）**

　3.　□ s・□ θ
　4.　□ s・□ θ

■ **sigh（ためいき）・thigh（太もも）**

　5.　□ s・□ θ
　6.　□ s・□ θ

■ **sin（罪）・thin（薄い）**

　7.　□ s・□ θ
　8.　□ s・□ θ

■ **sing（歌う）・thing（もの、こと）**

　9.　□ s・□ θ
　10.　□ s・□ θ

■ **sink（沈む）・think（考える）**

　11.　□ s・□ θ
　12.　□ s・□ θ

sink と think

■ **saw（のこぎり）・thaw（溶ける）**

　13.　□ s・□ θ
　14.　□ s・□ θ

✅ トレーニングの解答と訳 ··

(1) 文を見ながら再度音声を聞き、どちらの音であったか確認しましょう。

(2) 納得できたら、録音音声をまねて文を音読してみましょう。

1. /s/ I get sick when I eat fatty foods. — 私は、脂肪分の多いものを食べると気分が悪くなる。

2. /θ/ My father's hair is still quite thick. — 父の髪は、まだかなり濃い。

3. /θ/ I thank him from the bottom of my heart. — 彼には心の底から感謝している。

4. /s/ My heart sank when I read his letter. — 彼の手紙を読んだとき、私の心は沈んだ。

5. /θ/ Squats can make your thighs bigger. — スクワットで太ももを大きくすることができます。

6. /s/ We let out a huge sigh of relief. — 我々は大きな安堵のため息をもらした。

7. /s/ He says he has committed a grave sin. — 彼は、自分が重大な罪を犯したと言っている。

8. /θ/ She only had two thin slices of bread. — 彼女は薄いパンを2切れ食べただけだった。

9. /θ/ The thing about obento lunch boxes is that you have to clean them. — お弁当箱で面倒なのは、後で洗わなければいけないことだ。

10. /s/ Mr. Smith is always singing your praises. — スミスさんは、いつも君のことを褒めているよ。

11. /s/ You have to sink or swim in this world. — この世界で生き残るには、がむしゃらにやるしかない。

12. /θ/ You have to think big and start small. — 構想は大きく、実行は小さいところから。

13. /θ/ How long will this frozen meat take to thaw? — この冷凍肉が解けるには、どのくらいかかりますか。

14. /s/ Japanese saws cut when pulled. — 日本ののこぎりは、引くときに切れます。

☑ チェックポイント

☐ 14 問中、正解が 10 問以上 ⇒ 次の **Part 2** へ進みましょう

☐ 14 問中、正解が 9 問以下 ⇒ もう一度チャレンジ。

Part 2

1 〜 14 の文を聞き、中で使われているのが / s / を含む単語なのか / θ / を含む単語なのかチェックしましょう。正解は次ページです。

■ **sum（合計）・thumb（親指）**

1.　☐ s・☐ θ
2.　☐ s・☐ θ

■ **seem（見える）・theme（テーマ）**

3.　☐ s・☐ θ
4.　☐ s・☐ θ

■ **use（用途）・youth（青春）**

5.　☐ s・☐ θ
6.　☐ s・☐ θ

■ **worse（より悪い）・worth（価値のある）**

7.　☐ s・☐ θ
8.　☐ s・☐ θ

■ **pass（合格する）・path（小道）**

9.　☐ s・☐ θ
10.　☐ s・☐ θ

pass と path

■ **miss（理解しそこなう）・myth（誤解、神話）**

11.　☐ s・☐ θ
12.　☐ s・☐ θ

■ **sought（求められる）・thought（考えた）**

13.　☐ s・☐ θ
14.　☐ s・☐ θ

✅ トレーニングの解答と訳 ······························

(1) 文を見ながら再度音声を聞き、どちらの音であったか確認しましょう。

(2) 納得できたら、録音音声をまねて文を音読してみましょう。

1. /s/ The whole is often greater than the sum of its parts.

全体は部分の総和よりもしばしば大きい。

2. /θ/ What's a good rule of thumb for tipping?

チップの目安はどれくらい？

3. /θ/ What is the main theme of the book?

その本のメインテーマは何？

4. /s/ The book may seem boring but it's not.

その本は退屈そうに見えるかもしれないが、そんなことはない。

5. /s/ Math is of great use to many other sciences.

数学は、ほかの多くの科学にとって大変有用だ。

6. /θ/ He spent his youth trying to solve the math problem.

彼は、その数学問題を解くことに青春時代を費やした。

7. /θ/ Do you think getting a doctorate is worth it?

博士号は取るだけの価値があると思う？

8. /s/ The problem is getting worse.

その問題は、さらに悪化している。

9. /θ/ Don't just follow the well-worn path.

使い古された道を行くな。

10. /s/ It's not easy to pass this course.

この授業の単位は簡単に取れない。

11. /θ/ It is a complete myth that the two sexes are wired differently.

男性と女性の脳の構造が違うというのは、まったくの神話です。

12. /s/ She completely missed the point of what I was saying.

彼女は、私が言っていたことの論点を完全に誤解した。

13. /s/ Data scientists are much sought after today.

データを扱う科学者が今では引っ張りだこである。

14. /θ/ That's what I thought when I saw the data.

データを見て私が思ったのが、そのことです。

☑ チェックポイント

☐ 14 問中、正解が 10 問以上 ⇒ 次の **Part 3** へ進みましょう

☐ 14 問中、正解が 9 問以下 ⇒ もう一度チャレンジ。

第3章

Part 3 (S または TH が語末にある場合)

1〜14の文を聞き、中で使われているのが / s / を含む単語なのか / θ / を含む単語なのかチェックしましょう。正解は次ページです。

■ **face（直面する）・faith（信頼）**

   1. ☐ s・☐ θ

   2. ☐ s・☐ θ

■ **force（力）・forth（前方に）**

   3. ☐ s・☐ θ

   4. ☐ s・☐ θ

■ **tense（緊張した）・tenth（10回目の）**

   5. ☐ s・☐ θ

   6. ☐ s・☐ θ

■ **mass（多数の）・math（数学）**

   7. ☐ s・☐ θ

   8. ☐ s・☐ θ

■ **gross（総収益を上げる）・growth（成長）**

   9. ☐ s・☐ θ

  10. ☐ s・☐ θ

■ **truce（休戦）・truth（真実）**

  11. ☐ s・☐ θ

  12. ☐ s・☐ θ

moss と moth

■ **moss（コケ）・moth（蛾）**

  13. ☐ s・☐ θ

  14. ☐ s・☐ θ

✅ トレーニングの解答と訳 ·····

(1) 文を見ながら再度音声を聞き、どちらの音であったか確認しましょう。

(2) 納得できたら、録音音声をまねて文を音読してみましょう。

1. /θ/ Young people are losing faith in the political system.

   若者が政治制度への信頼をなくしている。

2. /s/ Politicians need to face the reality of global warming.

   政治家は、地球温暖化の現実に向き合う必要がある。

3. /s/ Peace cannot be kept by force alone.

   平和は力だけでは守れない。

4. /θ/ We texted back and forth for a while.

   私たちは、しばらくテキストメッセージのやりとりをした。

5. /s/ I couldn't stand the tense atmosphere.

   私は、その緊迫した雰囲気に耐えられなかった。

6. /θ/ They just celebrated their tenth anniversary.

   彼らは、ついこの間10周年を祝ったばかりです。

7. /s/ This magazine is aimed at a mass audience.

   この雑誌は大衆向けである。

8. /θ/ Do the math. Can't you see he's lying to you?

   よく考えてみろよ。彼がうそをついているのがわからないのか。

9. /s/ The film went on to gross $200 million.

   その映画は2億ドルの収益を上げた。

10. /θ/ The company is enjoying a high growth rate.

    その会社は高い成長率を誇っている。

11. /s/ Hey. Why don't we call a truce?

    なあ、いったん争うのはストップしないか。

12. /θ/ I felt lonely, if the truth be told.

    寂しかったです。正直に言えば。

13. /θ/ A moth tends to have dull colors.

    蛾は、くすんだ色をしている傾向がある。

14. /s/ Most Japanese gardens have moss.

    ほとんどの日本庭園にはコケがある。

第3章

☑️ チェックポイント

☐ 14問中、正解が10問以上 ⇒ 次の ≫ Lesson **44** へ進みましょう

☐ 14問中、正解が9問以下 ⇒ もう一度チャレンジ。

2種類の「ア」を聞き分ける

　カタカナでは同じ「ハット」でもイエローハットは「帽子」の hat、ピザハットは「小屋」の hut ですが、**この2つは発音が違います**。日本語では「ア」に分類される英語の母音でも、区別をしないと別の単語になってしまうことがよくあります。このレッスンでは、a の文字で表される「エァ（æ）」と、主に u の文字で表される「アッ（ʌ）」の聞き分けを練習します。

▶ a の「エァ」と u の「ア」

(1) a の方は「エァ」です。

唇を左右に引き、大きめに口を開け、「エ」を言うつもりで「ア」と言います。すこし長めに発音してください。

(2) u の方は「アッ」です。

あまり口を大きく開けず、のどの奥の方で「アッ」と言います。短めに言えば日本語の「ア」だと思って OK です。

▶「エァ」だけ「アッ」だけトレーニング

MP3 471

(1)「エァ」音のイメージを感じるため、あえて聞き慣れた日本語の「アカサタナハマヤラバガザダ」を、母音「エァ」で発音しましょう。ただし「ラ」については英語の L と R で発音します。

エァ　kエァ　sエァ　tエァ　nエァ　hエァ　mエァ　yエァ　lエァ
rエァ　wエァ　bエァ　gエァ　zエァ　dエア

(2) 次に、同様に「u」の「アッ」でも練習します。「エァ」との違いを感じましょう。

アッ　kアッ　sアッ　tアッ　nアッ　hアッ　mアッ　yアッ　lアッ
rアッ　wアッ　bアッ　gアッ　zアッ　dアッ

❯ 聞き分けトレーニング

Step 1 **耳慣らしウォームアップ**

今度は a「エァ」と u「アッ」を交互に聞いて、その違いを感じてください。

MP3 472

(1) a / u

エァ→アッ	エァエァ・アッアッ
	ankle ankle / uncle uncle
アッ→エァ	アッアッ・エァエァ
	uncle uncle / ankle ankle

(2) s + a / u

ケァ→カッ	セァセァ・サッサッ
	sack sack / suck suck
サッ→セァ	サッサッ・セァセァ
	suck suck / sack sack

(3) st + a / u

テァ→タッ	テァテァ・タッタッ
	stand stand / stunned stunned
タッ→テァ	タッタッ・テァテァ
	stunned stunned / stand stand

(4) h + a / u

ヘァ→ハッ	ヘァヘァ・ハッハッ
	hat hat / hut hut
ハッ→ヘァ	ハッハッ・ヘァヘァ
	hut hut / hat hat

hat と hut

☑ チェックポイント

□ 十分に聞き分けられた ⇒ 次の **Step 2** へ進みましょう

□ いまひとつ聞き分けられない ⇒ **「エァ」だけ「アッ」だけトレーニング**
(p. 148)をやり直してから、もう一
度チャレンジ。

Step 2 **単語の聞き分けトレーニング**

十分に耳が慣れたところで a「エァ」と u「アッ」を聞き分けるトレーニングをしましょう。発音されている単語の方に ☑ を付けてください。(→解答 pp. 170 - 171) 平均して 5 問中 4 問を正解するまで繰り返してください。

MP3
473

Part 1

使う単語のペア：ankle（足首）・uncle（叔父）／ hat（帽子）・hut（小屋）／ bag（かばん）・bug（虫）／ mad（激怒して）・mud（泥）／ pan（鍋）・pun（ダジャレ）

	1	2	3	4	5	正解数
Trial 1	☐ ankle ☐ uncle	☐ hat ☐ hut	☐ bag ☐ bug	☐ mad ☐ mud	☐ pan ☐ pun	／ 5

	1	2	3	4	5	正解数
Trial 2	☐ ankle ☐ uncle	☐ hat ☐ hut	☐ bag ☐ bug	☐ mad ☐ mud	☐ pan ☐ pun	／ 5

	1	2	3	4	5	正解数
Trial 3	☐ ankle ☐ uncle	☐ hat ☐ hut	☐ bag ☐ bug	☐ mad ☐ mud	☐ pan ☐ pun	／ 5

	1	2	3	4	5	正解数
Trial 4	☐ ankle ☐ uncle	☐ hat ☐ hut	☐ bag ☐ bug	☐ mad ☐ mud	☐ pan ☐ pun	／ 5

	1	2	3	4	5	正解数
Trial 5	☐ ankle ☐ uncle	☐ hat ☐ hut	☐ bag ☐ bug	☐ mad ☐ mud	☐ pan ☐ pun	／ 5

☑ **チェックポイント**

☐ 25 問中、正解が 20 問以上 ⇒ 次の **Part 2** へ進みましょう。

☐ 25 問中、正解が 19 問以下 ⇒ Step 1 (p. 149) をやり直してから、もう一度チャレンジ。

Part 2

今度は「エァ」または「アッ」の前に２つの子音が連続している場合です。

使う単語のペア：track（足跡）・truck（トラック）／ crash（激突）・crush（片思い）／ brash（偉そうな）・brush（ブラシ）／ stab（刺す）・stub（半券）／ flash（光る）・flush（水を流す）

Trial 1	1	2	3	4	5	正解数
	☐ track ☐ truck	☐ crash ☐ crush	☐ brash ☐ brush	☐ stab ☐ stub	☐ flash ☐ flush	／5

Trial 2	1	2	3	4	5	正解数
	☐ track ☐ truck	☐ crash ☐ crush	☐ brash ☐ brush	☐ stab ☐ stub	☐ flash ☐ flush	／5

Trial 3	1	2	3	4	5	正解数
	☐ track ☐ truck	☐ crash ☐ crush	☐ brash ☐ brush	☐ stab ☐ stub	☐ flash ☐ flush	／5

Trial 4	1	2	3	4	5	正解数
	☐ track ☐ truck	☐ crash ☐ crush	☐ brash ☐ brush	☐ stab ☐ stub	☐ flash ☐ flush	／5

Trial 5	1	2	3	4	5	正解数
	☐ track ☐ truck	☐ crash ☐ crush	☐ brash ☐ brush	☐ stab ☐ stub	☐ flash ☐ flush	／5

第3章

☑チェックポイント

☐ 25 問中、正解が 20 問以上 ⇒ Step 3 へ進みましょう。

☐ 25 問中、正解が 19 問以下 ⇒ Step 1 （p. 149）をやり直してから、もう一度チャレンジ。

文の中で / æ / と / ʌ / を聞き分けましょう。

MP3
475

Part 1

1 〜 14 の文を聞き、中で使われているのが / æ / を含む単語なのか / ʌ /
を含む単語なのかチェックしましょう。正解は次ページです。

■ **ankle（足首）・uncle（おじ）**

　1.　□ æ・□ ʌ

　2.　□ æ・□ ʌ

■ **bad（悪い）・bud（つぼみ）**

　3.　□ æ・□ ʌ

　4.　□ æ・□ ʌ

■ **fan（ファン）・fun（楽しみ）**

　5.　□ æ・□ ʌ

　6.　□ æ・□ ʌ

■ **hat（帽子）・hut（小屋）**

　7.　□ æ・□ ʌ

　8.　□ æ・□ ʌ

■ **bag（かばん）・bug（虫）**

　9.　□ æ・□ ʌ

　10.　□ æ・□ ʌ

bag と bug

■ **ham（ハム）・hum（うなる音）**

　11.　□ æ・□ ʌ

　12.　□ æ・□ ʌ

■ **last（続く）・lust（欲望）**

　13.　□ æ・□ ʌ

　14.　□ æ・□ ʌ

(1) 文を見ながら再度音声を聞き、どちらの音であったか確認しましょう。

(2) 納得できたら、録音音声をまねて文を音読してみましょう。

1. /æ/ As he fell, he twisted his ankle. 　転んだときに彼は足首をひねった。

2. /ʌ/ As you see, he resembles his uncle. 　見てのとおり、彼は彼の叔父に似ている。

3. /ʌ/ You should nip the problem in the bud. 　問題は、つぼみのうちに摘み取るべきだ。

4. /æ/ I think the problem is pretty bad. 　その問題は、かなりひどい状態だと思う。

5. /æ/ I'm a big fan of yours. 　私は、あなたの大ファンです。

6. /ʌ/ It was fun talking to you. 　お話ができて楽しかったです。

7. /ʌ/ You will find a little hut on your right. 　右手に小さな小屋が見えてきます。

8. /æ/ Know the right hat for your face shape. 　自分の顔の形に合う帽子を知っておきましょう。

9. /ʌ/ Don't touch the bug. It may be dangerous. 　その虫に触らないで。危険かもしれない。

10. /æ/ Don't touch the bag. It may be dangerous. 　そのバッグに触らないで。危険かもしれない。

11. /æ/ There's a ham in the fridge. 　冷蔵庫にハムがあるよ。

12. /ʌ/ Isn't the hum of the fridge annoying? 　冷蔵庫のブーンという音、気にならない？

13. /ʌ/ He was filled with a lust for power. 　彼は権力への渇望でいっぱいだった。

14. /æ/ Our relationship will last a lifetime. 　私たちの関係は生涯続くでしょう。

第3章

☑ チェックポイント

☐ 14 問中、正解が 10 問以上 ⇒ 次の **Part 2** へ進みましょう

☐ 14 問中、正解が 9 問以下 ⇒ もう一度チャレンジ。

1 〜 14 の文を聞き、中で使われているのが / æ / を含む単語なのか / ʌ / を含む単語なのかチェックしましょう。正解は次ページです。

Part 2

MP3
476

1 〜 14 の文を聞き、中で使われているのが / æ / を含む単語なのか / ʌ / を含む単語なのかチェックしましょう。正解は次ページです。

■ **mad（頭にきている）・mud（泥、悪口）**

1. ☐ æ・☐ ʌ
2. ☐ æ・☐ ʌ

madとmud

■ **pan（平鍋）・pun（ダジャレ）**

3. ☐ æ・☐ ʌ
4. ☐ æ・☐ ʌ

■ **batter（小麦粉などを練った生地）・butter（バター）**

5. ☐ æ・☐ ʌ
6. ☐ æ・☐ ʌ

■ **match（試合）・much（たくさん）**

7. ☐ æ・☐ ʌ
8. ☐ æ・☐ ʌ

■ **master（身につける）・muster（呼びおこす）**

9. ☐ æ・☐ ʌ
10. ☐ æ・☐ ʌ

■ **sack（クビ、解雇）・suck（ひどく悪い）**

11. ☐ æ・☐ ʌ
12. ☐ æ・☐ ʌ

■ **crash（衝突）・crush（片思い）**

13. ☐ æ・☐ ʌ
14. ☐ æ・☐ ʌ

(1) 文を見ながら再度音声を聞き、どちらの音であったか確認しましょう。

(2) 納得できたら、録音音声をまねて文を音読してみましょう。

1. /æ/	They are really mad at me.	彼らは、私のことをものすごく怒っている。
2. /ʌ/	They keep throwing mud at me.	彼らは、私の中傷を続けている。
3. /ʌ/	No pun intended here.	別に駄じゃれのつもりはありません。
4. /æ/	No food sticks to this pan.	このフライパンには食材がこびりつきません。
5. /ʌ/	Beat the butter and sugar together.	バターと砂糖を一緒によく混ぜてください。
6. /æ/	You should not see large clumps of flour in the batter.	生地の中に小麦粉の塊が見えてはいけません。
7. /æ/	The meeting turned into a shouting match.	その会議は、大声での口論になった。
8. /ʌ/	There was much to talk about in the meeting.	その会議では話し合うことがたくさんあった。
9. /ʌ/	I couldn't muster the courage to say that.	私は、それを言う勇気を奮い起こすことができなかった。
10. /æ/	He mastered the art of lip-reading.	彼は読唇術の技術をマスターした。
11. /æ/	Did I tell you Mary got the sack today?	メアリーが今日クビになったって君に言ったっけ？
12. /ʌ/	Should I tell Mary her cooking sucks?	メアリーに彼女の料理がまずいって言うべきだろうか。
13. /ʌ/	I've a got a crush on my best friend.	親友に恋心を抱いてしまった。
14. /æ/	My best friend had a car crash.	親友が交通事故に遭った。

第3章

☑チェックポイント

□ 14 問中、正解が 10 問以上 ⇒ 次の **Part 3** へ進みましょう

□ 14 問中、正解が 9 問以下 ⇒ もう一度チャレンジ。

Part 3

1 ～ 14 の文を聞き、中で使われているのが / æ / を含む単語なのか / ʌ / を含む単語なのかチェックしましょう。正解は次ページです。

■ **track**（足跡）・**truck**（トラック）

1.　☐ æ・☐ ʌ
2.　☐ æ・☐ ʌ

■ **damp**（湿っている）・**dump**（捨てる）

3.　☐ æ・☐ ʌ
4.　☐ æ・☐ ʌ

trackとtruck

■ **stab**（刺す）・**stub**（半券）

5.　☐ æ・☐ ʌ
6.　☐ æ・☐ ʌ

■ **slam**（バタンと閉める）・**slum**（貧民街）

7.　☐ æ・☐ ʌ
8.　☐ æ・☐ ʌ

■ **brash**（偉そうな）・**brush**（ブラシを使う）

9.　☐ æ・☐ ʌ
10.　☐ æ・☐ ʌ

■ **flash**（光る）・**flush**（水を流す）

11.　☐ æ・☐ ʌ
12.　☐ æ・☐ ʌ

■ **stand**（我慢する）・**stunned**（驚愕させられる）

13.　☐ æ・☐ ʌ
14.　☐ æ・☐ ʌ

✅ トレーニングの解答と訳 ···

(1) 文を見ながら再度音声を聞き、どちらの音であったか確認しましょう。

(2) 納得できたら、録音音声をまねて文を音読してみましょう。

1. /æ/ I lost track of time. — 私は時間がたつのを忘れた。

2. /ʌ/ The truck lost control on ice. — トラックは氷の上で制御を失った。

3. /ʌ/ The photos of her ex have been dumped. — 彼女の元夫の写真は捨てられた。

4. /æ/ Don't touch. The photos are still damp. — 触らないで。その写真まだ湿っているから。

5. /ʌ/ He kept all the ticket stubs until he died. — 彼はチケットの半券をすべて、亡くなるまでずっと保存していた。

6. /æ/ His harsh words stabbed me to the heart — 彼の辛辣な言葉が私の心をひどく傷つけた。

7. /ʌ/ Slums are not a place for children to live. — スラムは子どもが住むような場所じゃない。

8. /æ/ The child slammed the door shut. — その子どもはドアをバタンと閉めた。

9. /æ/ That journalist is a bit too brash. — あのジャーナリストは、ちょっと偉そうにしすぎだ。

10. /ʌ/ Brush your teeth after every meal. — 毎食後には歯を磨きなさい。

11. /æ/ Her eyes flashed with anger. — 彼女の目は怒りで燃えていた。

12. /ʌ/ My roommate often forgets to flush the toilet. — 私のルームメートが、よくトイレを流し忘れるんです。

13. /ʌ/ I was stunned to hear such nonsense. — 私は、そんなたわ言を聞いてびっくりした。

14. /æ/ I would not stand such nonsense. — 私は、そんなたわ言を我慢するつもりはない。

☑ チェックポイント

☐ 14 問中、正解が 10 問以上 ⇒ 次の ≫ **Lesson 45** へ進みましょう

☐ 14 問中、正解が 9 問以下 ⇒ もう一度チャレンジ。

2種類の「アー」を聞き分ける

hard（硬い）と heard（聞いた）はカタカナでは「ハード」でしょうが、発音が違います。heart（心臓）と hurt（痛む）はいずれも「ハート」ですが発音が違います。このレッスンでは /ɑːr/ と /əː/ の聞き分けができるようになりましょう。

> hard の「ア〜」と heard の「ウァ〜」

(1) hard、heart、barred は、日本語の「アー」でも構いません。アメリカ人っぽく発音したいなら、最後で舌を巻き上げて「アー r」としてもいいですが、r の音色は必須ではありません。発音記号は / ɑːr / です。

(2) heard、hurt、bird の方は、日本語にはない音です。あまり口を開けず「ウー」のつもりで「アー」と言う感じです。本書では、「ウァー」と表記しますが、「ウ」と「ア」は最初から混ぜてください。発音記号は / əː / です。

>「ア〜」だけ「ウァ〜」だけトレーニング

MP3 478

(1) まず、ほぼ日本語で OK の「ア〜」で、「ア〜カ〜サ〜タ〜ナ〜…」を言ってみましょう。ただし「ラ〜」については英語の L と R で発音します。また今回はアメリカ発音風にウァ〜の後に r の音色をつけてみます。
ア〜r／kア〜r／sア〜r／tア〜r／nア〜r／hア〜r
mア〜r／yア〜r／lア〜r／rア〜r／wア〜r／bア〜r
gア〜r／zア〜r／dア〜r

(2) 次に日本語とはかなり違う英語の「ウァ〜」で同じことをやりましょう。(1) の「ア〜r」との対比を感じてください。
ウァ〜／kウァ〜／sウァ〜／tウァ〜／nウァ〜／hウァ〜
mウァ〜／yウァ〜／lウァ〜／rウァ〜／wウァ〜／bウァ〜
gウァ〜／zウァ〜／dウァ〜

❯聞き分けトレーニング

Step 1 > **耳慣らしウォームアップ**

　今度は「ア〜」と「ウァ〜」を交互に聞いて、その違いを感じましょう。実際のスペリングは「ア〜」は ar、「ウァ〜」は ur、ir、er が代表的です。

MP3 479

(1) ar / ir

ア〜→ウァ〜	ア〜ア〜・ウァ〜ウァ〜
	ark ark / irk irk
ウァ〜→ア〜	ウァ〜ウァ〜・ア〜ア〜
	irk irk / ark ark

(2) c + ar / ur

カ〜→クァ〜	カ〜カ〜・クァ〜クァ〜
	card card / curd curd
クァ〜→カ〜	クァ〜クァ〜・カ〜カ〜
	curd curd / card card

(3) t + ar / ir

タ〜→tウァ〜	タ〜タ〜・tウァ〜tウァ〜
	star star / stir stir
tウァ〜→タ〜	tウァ〜tウァ〜・タ〜タ〜
	stir stir / star star

(4) h + ar / er

ハ〜→hウァ〜	ハ〜ハ〜・hウァ〜hウァ〜
	hard hard / herd herd
hウァ〜→ハ〜	hウァ〜hウァ〜・ハ〜ハ〜
	herd herd / hard hard

(5) f + ar / ur

fア〜→fウァ〜	fア〜fア〜・fウァ〜fウァ〜
	far far / fur fur
fウァ〜→fア〜	fウァ〜fウァ〜・fア〜fア〜
	fur fur / far far

starとstir

☑チェックポイント

□ 十分に聞き分けられた ⇒ 次の Step 2 > へ進みましょう

□ いまひとつ聞き分けられない ⇒ **「ア〜」だけ「ウァ〜」だけトレーニング**（p. 158）をやり直してから、もう一度チャレンジ。

　十分に耳が慣れたところで ar「ア～」と ur または ir「ウァ～」のどちらを言っているか、聞き分けるトレーニングをしましょう。発音されている単語の方に ☑ を付けてください。（→解答 p. 171）平均して5問中4問を正解するまで繰り返してください。

MP3
480

Part 1

使う単語のペア：carb（炭水化物）・curb（抑える）／ star（星）・stir（かき混ぜる）／ far（遠い）・fur（毛皮）／ hard（硬い）・herd（群れ）／ barn（納屋）・burn（燃やす）

Trial 1	1	2	3	4	5	正解数
	☐ carb	☐ star	☐ far	☐ hard	☐ barn	／5
	☐ curb	☐ stir	☐ fur	☐ herd	☐ burn	

Trial 2	1	2	3	4	5	正解数
	☐ carb	☐ star	☐ far	☐ hard	☐ barn	／5
	☐ curb	☐ stir	☐ fur	☐ herd	☐ burn	

Trial 3	1	2	3	4	5	正解数
	☐ carb	☐ star	☐ far	☐ hard	☐ barn	／5
	☐ curb	☐ stir	☐ fur	☐ herd	☐ burn	

Trial 4	1	2	3	4	5	正解数
	☐ carb	☐ star	☐ far	☐ hard	☐ barn	／5
	☐ curb	☐ stir	☐ fur	☐ herd	☐ burn	

Trial 5	1	2	3	4	5	正解数
	☐ carb	☐ star	☐ far	☐ hard	☐ barn	／5
	☐ curb	☐ stir	☐ fur	☐ herd	☐ burn	

☑ チェックポイント

☐ 25 問中、正解が 20 問以上 ⇒ 次の **Part 2** へ進みましょう。

☐ 25 問中、正解が 19 問以下 ⇒ Step 1 （p. 159）をやり直してから、もう一度チャレンジ。

Part 2

別の単語で単語の聞き分けをしてみましょう。なおスペリングが er、ur、ir の場合は原則として /əː/（ウァ〜）、ar は原則として /ɑːr/（ア〜）と発音されます。ただし ear はくせ者で、heart では「ア〜」なのに、heard では「ウァ〜」です。

使う単語のペア：heart（心臓）・hurt（傷付ける）／ park（公園）・perk（役得）／ farm（公園）・firm（会社）／ barred（禁じられた）・bird（鳥）／ dart（突進する）・dirt（泥）

	1	2	3	4	5	正解数
Trial 1	☐ heart ☐ hurt	☐ park ☐ perk	☐ farm ☐ firm	☐ barred ☐ bird	☐ dart ☐ dirt	／5

	1	2	3	4	5	正解数
Trial 2	☐ heart ☐ hurt	☐ park ☐ perk	☐ farm ☐ firm	☐ barred ☐ bird	☐ dart ☐ dirt	／5

	1	2	3	4	5	正解数
Trial 3	☐ heart ☐ hurt	☐ park ☐ perk	☐ farm ☐ firm	☐ barred ☐ bird	☐ dart ☐ dirt	／5

	1	2	3	4	5	正解数
Trial 4	☐ heart ☐ hurt	☐ park ☐ perk	☐ farm ☐ firm	☐ barred ☐ bird	☐ dart ☐ dirt	／5

	1	2	3	4	5	正解数
Trial 5	☐ heart ☐ hurt	☐ park ☐ perk	☐ farm ☐ firm	☐ barred ☐ bird	☐ dart ☐ dirt	／5

第3章

☑ **チェックポイント**

☐ 25 問中、正解が 20 問以上 ⇒ 次の Step 3 へ進みましょう。

☐ 25 問中、正解が 19 問以下 ⇒ Step 1 （p. 159）をやり直してから、もう一度チャレンジ。

文の中で「ア〜」と「ウァ〜」を聞き分けましょう。

MP3
482

Part 1

1 〜 14 の文を聞き、中で使われているのが / ɑːr /（ア〜）を含む単語なのか /əː/（ウァ〜）を含む単語なのかチェックしましょう。正解は次ページです。

■ **heart（心臓）・hurt（傷つける）**

heart と hurt

1. ☐ ɑːr・☐ əː
2. ☐ ɑːr・☐ əː

■ **hard（困難な）・heard（聞いた）**

3. ☐ ɑːr・☐ əː
4. ☐ ɑːr・☐ əː

■ **cart（台車）・curt（ぶっきらぼうな）**

5. ☐ ɑːr・☐ əː
6. ☐ ɑːr・☐ əː

■ **far（遠く）・fur（毛皮）**

7. ☐ ɑːr・☐ əː
8. ☐ ɑːr・☐ əː

■ **star（スター）・stir（撹拌〈かき混ぜること〉）**

9. ☐ ɑːr・☐ əː
10. ☐ ɑːr・☐ əː

■ **dart（突進）・dirt（泥）**

11. ☐ ɑːr・☐ əː
12. ☐ ɑːr・☐ əː

■ **carb（炭水化物〈= carbohydrate〉）・curb（抑える）**

13. ☐ ɑːr・☐ əː
14. ☐ ɑːr・☐ əː

✅ トレーニングの解答と訳 ·······································

(1) 文を見ながら再度音声を聞き、どちらの音であったか確認しましょう。

(2) 納得できたら、録音音声をまねて文を音読してみましょう。

1. /ɑːr/ Her heart rate was back to normal. — 彼女の心拍数は普通に戻った。

2. /əː/ Am I responsible for hurting her feelings? — 彼女の気持ちを傷つけた責任は、僕にあるのかな。

3. /ɑːr/ I had a hard time catching up with the class. — 私は授業についていくのに苦労した。

4. /əː/ I heard that you are quitting this class. — 君は、この授業を受けるのをやめるんだってね。

5. /əː/ She is always curt and brief. — 彼女は、しゃべり方がいつも短くてぶっきらぼうだ。

6. /ɑːr/ Did you check the items in your cart? — あなたはカートの中の品物をチェックしましたか。

7. /əː/ Fur farming is banned in many countries. — 毛皮のための動物飼育は多くの国で禁止されている。

8. /ɑːr/ How far should we go to save animals? — 動物を救うために、どこまですべきなのだろう？

9. /əː/ Give the flour a good stir with a fork. — 小麦粉をフォークでよくかき混ぜてください。

10. /ɑːr/ The star was given flowers by her family. — そのスターは彼女の家族から花束を渡された。

11. /əː/ How can I keep dirt at the door mat? — ドアマットのところで汚れをくい止めるにはどうしたらいいのか。

12. /ɑːr/ He made a sudden dart for the door. — 彼は突然、ドアに向かって突進した。

13. /ɑːr/ I'll cut down on my carbs. — 炭水化物を控えることにしよう。

14. /əː/ How can I curb my appetite? — どうしたら食欲を抑えられるのだろう？

第3章

☑ チェックポイント

☐ 14 問中、正解が 10 問以上 ⇒ 次の **Part 2** へ進みましょう

☐ 14 問中、正解が 9 問以下 ⇒ もう一度チャレンジ。

Part 2

1 ～ 14 の文を聞き、中で使われているのが / ɑːr / （ア～）を含む単語なのか / əː / （ウァ～）を含む単語なのかチェックしましょう。正解は次ページです。

■ **barn（納屋）・burn（燃やす）**

1. ☐ ɑːr・☐ əː

2. ☐ ɑːr・☐ əː

■ **park（公園）・perk（給与外の支給物）**

3. ☐ ɑːr・☐ əː

4. ☐ ɑːr・☐ əː

■ **par（同等）・purr（ネコがゴロゴロ言う）**

5. ☐ ɑːr・☐ əː

6. ☐ ɑːr・☐ əː

■ **farm（農場）・firm（会社）**

7. ☐ ɑːr・☐ əː

8. ☐ ɑːr・☐ əː

farm と firm

■ **card（カード）・curd（凝乳〈状の食品〉）**

9. ☐ ɑːr・☐ əː

10. ☐ ɑːr・☐ əː

■ **part（部分）・pert（小生意気な）**

11. ☐ ɑːr・☐ əː

12. ☐ ɑːr・☐ əː

■ **carve（彫る）・curve（曲線）**

13. ☐ ɑːr・☐ əː

14. ☐ ɑːr・☐ əː

✅トレーニングの解答と訳

(1) 文を見ながら再度音声を聞き、どちらの音であったか確認しましょう。

(2) 納得できたら、録音音声をまねて文を音読してみましょう。

1. /ɑːr/	I once slept in a farmer's barn in a storm.	私は一度、嵐の中で農場の納屋に泊まったことがある。
2. /əː/	These are good ways to burn fat fast.	これらは脂肪をすばやく燃焼させるよい方法です。
3. /əː/	Perks play an important role in employee satisfaction.	給与外の特典は、従業員の満足度に大いに影響する。
4. /ɑːr/	Parks play an important role in the health of the nation.	公園は国民の健康に重要な役割を果たす。
5. /əː/	Do cats purr when they are happy?	ネコはうれしいときにゴロゴロ言うのだろうか。
6. /ɑːr/	*Cats* is on a par with *The Lion King*.	『キャッツ』は『ライオンキング』といい勝負だ。
7. /əː/	The firm employs more than 100 people.	その会社は 100 人以上を雇っている。
8. /ɑːr/	The farm employs more than 50 people.	その農場は 50 人以上を雇っている。
9. /əː/	Tofu is the curd of soybeans.	豆腐は大豆を固めたものだ。
10. /ɑːr/	I think I lost my credit card.	クレジットカードを失くしたみたいだ。
11. /əː/	Stop giving me pert answers.	小生意気な返答はやめろ。
12. /ɑːr/	You only answered part of the question.	あなたには、まだ質問の一部しか答えてもらっていません。
13. /əː/	The driver lost control on a curve.	ドライバーはカーブで制御を失った。
14. /ɑːr/	Have you ever carved pumpkin?	カボチャを彫ったことはありますか。

☑チェックポイント

☐ 14 問中、正解が 10 問以上 ⇒ 次の **Part 3** へ進みましょう

☐ 14 問中、正解が 9 問以下 ⇒ もう一度チャレンジ。

Part 3

1 ～ 8 の文を聞き、中で使われているのが / ɑːr / を含む単語なのか / əː / を含む単語なのかチェックしましょう。正解は次ページです。

■ **parched（カラカラに乾燥して）・perched（〈木などに〉とまって）**

1. ☐ ɑːr ・☐ əː
2. ☐ ɑːr ・☐ əː

■ **ark（方舟）・irk（いらいらさせる）**

3. ☐ ɑːr ・☐ əː
4. ☐ ɑːr ・☐ əː

■ **guard（警備員）・gird（備えさせる）**

5. ☐ ɑːr ・☐ əː
6. ☐ ɑːr ・☐ əː

■ **barred（禁止されて）・bird（鳥）**

7. ☐ ɑːr ・☐ əː
8. ☐ ɑːr ・☐ əː

9 ～ 14 の文を聞き、中で使われているのが / æ / を含む単語なのか / əː / を含む単語なのかチェックしましょう。正解は次ページです。

■ **bath（入浴）・birth（誕生）**

9. ☐ æ ・☐ əː
10. ☐ æ ・☐ əː

fast と first

■ **fast（速い）・first（最初の）**

11. ☐ æ ・☐ əː
12. ☐ æ ・☐ əː

■ **pass（通行証、パス）・purse（ハンドバッグ）**

13. ☐ æ ・☐ əː
14. ☐ æ ・☐ əː

✔ トレーニングの解答と訳 ·····································

(1) 文を見ながら再度音声を聞き、どちらの音であったか確認しましょう。

(2) 納得できたら、録音音声をまねて文を音読してみましょう。

1. /ɑːr/ My mouth was parched and my lips were dry. 　私の口はカラカラに乾燥して唇も乾いていた。

2. /əː/ Some sparrows are perched on the electric wire. 　ツバメが何羽か電線に留まっている。

3. /ɑːr/ How did they load the animals onto the Ark? 　どうやって動物たちをノアの方舟に乗せたんだろう？

4. /əː/ It irks me to see him at the center of attention. 　彼が注目の的になっているのを見るとイライラする。

5. /ɑːr/ I was stopped by a security guard. 　私は警備員に止められた。

6. /əː/ I girded myself for the next day. 　私は次の日に備えた。

7. /ɑːr/ They will act with no holds barred. 　彼らは制限なしに何でもするよ。

8. /əː/ A little bird told me you are getting married. 　うわさに聞いたんですが、ご結婚されるそうですね。

9. /əː/ She gave birth to a baby boy. 　彼女は男児を産んだ。

10. /æ/ She gave the baby a bath. 　彼女は赤ん坊を風呂に入れた。

11. /æ/ He is on the fast track for promotion. 　彼は出世コースに乗っている。

12. /əː/ I'm getting my first promotion soon. 　もうすぐ最初の昇進だ。

13. /əː/ What does she carry in her purse? 　彼女はハンドバッグに何を入れているのか。

14. /æ/ Where are you carrying your day pass? 　あなたは通行証をどこに持っていますか。

☑ チェックポイント

☐ 14 問中、正解が 10 問以上 ⇒ 次の 4 章へ進みましょう

☐ 14 問中、正解が 9 問以下 ⇒ もう一度チャレンジ。

✅ 単語の聞き分けトレーニング解答（ ✓ が正解）

● Lesson 41 — L/R 聞き分けトレーニング（p. 115）

Part 1

	1	2	3	4	5
Trial 1	✓ light / ☐ right	☐ lead / ✓ read	✓ loot / ☐ root	✓ lest / ☐ rest	☐ load / ✓ road
Trial 2	☐ light / ✓ right	☐ lead / ✓ read	☐ loot / ✓ root	✓ lest / ☐ rest	✓ load / ☐ road
Trial 3	✓ light / ☐ right	☐ lead / ✓ read	✓ loot / ☐ root	☐ lest / ✓ rest	☐ load / ✓ road
Trial 4	☐ light / ✓ right	☐ lead / ✓ read	✓ loot / ☐ root	☐ lest / ✓ rest	✓ load / ☐ road
Trial 5	✓ light / ☐ right	✓ lead / ☐ read	☐ loot / ✓ root	☐ lest / ✓ rest	✓ load / ☐ road

Part 2

	1	2	3	4	5
Trial 1	✓ belly / ☐ berry	✓ teller / ☐ terror	☐ collect / ✓ correct	☐ alive / ✓ arrive	☐ shelly / ✓ sherry
Trial 2	✓ belly / ☐ berry	☐ teller / ✓ terror	✓ collect / ☐ correct	☐ alive / ✓ arrive	✓ shelly / ☐ sherry
Trial 3	☐ belly / ✓ berry	☐ teller / ✓ terror	☐ collect / ✓ correct	✓ alive / ☐ arrive	✓ shelly / ☐ sherry
Trial 4	✓ belly / ☐ berry	☐ teller / ✓ terror	✓ collect / ☐ correct	☐ alive / ✓ arrive	✓ shelly / ☐ sherry
Trial 5	☐ belly / ✓ berry	☐ teller / ✓ terror	☐ collect / ✓ correct	✓ alive / ☐ arrive	☐ shelly / ✓ sherry

Part 3

	1	2	3	4	5
Trial 1	☐ glass / ✓ grass	☐ cloud / ✓ crowd	✓ glow / ☐ grow	✓ flight / ☐ fright	☐ bland / ✓ brand
Trial 2	✓ glass / ☐ grass	✓ cloud / ☐ crowd	☐ glow / ✓ grow	✓ flight / ☐ fright	✓ bland / ☐ brand
Trial 3	✓ glass / ☐ grass	✓ cloud / ☐ crowd	✓ glow / ☐ grow	☐ flight / ✓ fright	☐ bland / ✓ brand
Trial 4	☐ glass / ✓ grass	✓ cloud / ☐ crowd	☐ glow / ✓ grow	✓ flight / ☐ fright	✓ bland / ☐ brand
Trial 5	✓ glass / ☐ grass	✓ cloud / ☐ crowd	☐ glow / ✓ grow	☐ flight / ✓ fright	☐ bland / ✓ brand

● Lesson 42 ― B/V 聞き分けトレーニング (p. 127)

Part 1

	1	2	3	4	5
Trial 1	☐ ban ☑ van	☑ bet ☐ vet	☑ bowel ☐ vowel	☐ boat ☑ vote	☑ berry ☐ very
Trial 2	☐ ban ☑ van	☐ bet ☑ vet	☑ bowel ☐ vowel	☐ boat ☑ vote	☐ berry ☑ very
Trial 3	☑ ban ☐ van	☐ bet ☑ vet	☑ bowel ☐ vowel	☑ boat ☐ vote	☐ berry ☑ very
Trial 4	☐ ban ☑ van	☑ bet ☐ vet	☐ bowel ☑ vowel	☑ boat ☐ vote	☐ berry ☑ very
Trial 5	☐ ban ☑ van	☑ bet ☐ vet	☑ bowel ☐ vowel	☐ boat ☑ vote	☑ berry ☐ very

Part 2

	1	2	3	4	5
Trial 1	☑ saber ☐ saver	☐ fiber ☑ fiver	☑ rebel ☐ revel	☑ TB ☐ TV	☐ curbing ☑ curving
Trial 2	☐ saber ☑ saver	☑ fiber ☐ fiver	☑ rebel ☐ revel	☐ TB ☑ TV	☐ curbing ☑ curving
Trial 3	☑ saber ☐ saver	☐ fiber ☑ fiver	☐ rebel ☑ revel	☐ TB ☑ TV	☑ curbing ☐ curving
Trial 4	☑ saber ☐ saver	☑ fiber ☐ fiver	☑ rebel ☐ revel	☑ TB ☐ TV	☑ curbing ☐ curving
Trial 5	☐ saber ☑ saver	☐ fiber ☑ fiver	☑ rebel ☐ revel	☐ TB ☑ TV	☐ curbing ☑ curving

Part 3

1. ☑ AB / ☐ AV (AB: alcoholic beverage.)「アルコール飲料」
2. ☐ AB / ☑ AV (AV: audiovisual.)（視聴覚の）
3. ☐ BB / ☑ VB (VB: Victoria Bitter.)（ビールの銘柄）
4. ☑ BB / ☐ VB (BB: bed and breakfast.)（宿泊と朝食のみの宿の形態）
5. ☐ DB / ☑ DV (DV : domestic violence.)（家庭内暴力）
6. ☑ DB / ☐ DV (DB: database.)（データベース）
7. ☑ DBD / ☐ DVD (DBD : disruptive behavior disorders.)（破壊的行動障害）。
8. ☐ DBD / ☑ DVD (DVD : digital versatile disc.)（デジタル多機能ディスク）
9. ☑ NBA / ☐ NVA (NBA: National Basketball Association.)（全米バスケットボール協会）
10. ☐ NBA / ☑ NVA (NVA : National Volleyball Association.)（全米バレーボール協会）
11. ☐ SUB / ☑ SUV (SUV: sport utility vehicle.)（スポーツ用多目的車）
12. ☑ SUB / ☐ SUV (SUB : student union building)（学生会館）
13. ☐ BBA / ☑ VBA (VBA: Visual Basic for Applications)（プログラミング言語名）
14. ☑ BBA / ☐ VBA (BBA: for Bachelor of Business Administration.)（経営学学士)

第3章

● Lesson 43 — S/TH　聞き分けトレーニング（p. 139）

Part 1

	1	2	3	4	5
Trial 1	☐ sank ✓ thank	✓ sum ☐ thumb	✓ sick ☐ thick	✓ sing ☐ thing	✓ saw ☐ thaw
Trial 2	✓ sank ☐ thank	✓ sum ☐ thumb	☐ sick ✓ thick	✓ sing ☐ thing	☐ saw ✓ thaw
Trial 3	✓ sank ☐ thank	☐ sum ✓ thumb	✓ sick ☐ thick	☐ sing ✓ thing	✓ saw ☐ thaw
Trial 4	✓ sank ☐ thank	☐ sum ✓ thumb	☐ sick ✓ thick	☐ sing ✓ thing	✓ saw ☐ thaw
Trial 5	☐ sank ✓ thank	☐ sum ✓ thumb	✓ sick ☐ thick	☐ sing ✓ thing	☐ saw ✓ thaw

Part 2

	1	2	3	4	5
Trial 1	☐ mass ✓ math	☐ face ✓ faith	✓ miss ☐ myth	✓ tense ☐ tenth	☐ gross ✓ growth
Trial 2	☐ mass ✓ math	✓ face ☐ faith	☐ miss ✓ myth	☐ tense ✓ tenth	✓ gross ☐ growth
Trial 3	✓ mass ☐ math	✓ face ☐ faith	✓ miss ☐ myth	✓ tense ☐ tenth	☐ gross ✓ growth
Trial 4	☐ mass ✓ math	☐ face ✓ faith	☐ miss ✓ myth	☐ tense ✓ tenth	✓ gross ☐ growth
Trial 5	☐ mass ✓ math	✓ face ☐ faith	☐ miss ✓ myth	✓ tense ☐ tenth	☐ gross ✓ growth

● Lesson 44 — æ / ʌ 聞き分けトレーニング（p. 150）

Part 1

	1	2	3	4	5
Trial 1	✓ ankle ☐ uncle	☐ hat ✓ hut	✓ bag ☐ bug	✓ mad ☐ mud	✓ pan ☐ pun
Trial 2	☐ ankle ✓ uncle	✓ hat ☐ hut	✓ bag ☐ bug	☐ mad ✓ mud	☐ pan ✓ pun
Trial 3	☐ ankle ✓ uncle	☐ hat ✓ hut	☐ bag ✓ bug	✓ mad ☐ mud	✓ pan ☐ pun
Trial 4	☐ ankle ✓ uncle	✓ hat ☐ hut	✓ bag ☐ bug	✓ mad ☐ mud	☐ pan ✓ pun
Trial 5	✓ ankle ☐ uncle	✓ hat ☐ hut	✓ bag ☐ bug	☐ mad ✓ mud	✓ pan ☐ pun

Part 2

	1	2	3	4	5
Trial 1	☑ track / ☐ truck	☑ crash / ☐ crush	☐ brash / ☑ brush	☑ stab / ☐ stub	☐ flash / ☑ flush
Trial 2	☐ track / ☑ truck	☑ crash / ☐ crush	☑ brash / ☐ brush	☑ stab / ☐ stub	☑ flash / ☐ flush
Trial 3	☑ track / ☐ truck	☐ crash / ☑ crush	☐ brash / ☑ brush	☐ stab / ☑ stub	☐ flash / ☑ flush
Trial 4	☐ track / ☑ truck	☑ crash / ☐ crush	☑ brash / ☐ brush	☑ stab / ☐ stub	☑ flash / ☐ flush
Trial 5	☑ track / ☐ truck	☐ crash / ☑ crush	☑ brash / ☐ brush	☐ stab / ☑ stub	☐ flash / ☑ flush

● Lesson 45 — ɑːr / ə: 聞き分けトレーニング (p. 160)

Part 1

	1	2	3	4	5
Trial 1	☑ carb / ☐ curb	☐ star / ☑ stir	☑ far / ☐ fur	☑ hard / ☐ herd	☐ barn / ☑ burn
Trial 2	☑ carb / ☐ curb	☑ star / ☐ stir	☑ far / ☐ fur	☐ hard / ☑ herd	☑ barn / ☐ burn
Trial 3	☐ carb / ☑ curb	☐ star / ☑ stir	☐ far / ☑ fur	☑ hard / ☐ herd	☐ barn / ☑ burn
Trial 4	☐ carb / ☑ curb	☑ star / ☐ stir	☐ far / ☑ fur	☐ hard / ☑ herd	☑ barn / ☐ burn
Trial 5	☑ carb / ☐ curb	☐ star / ☑ stir	☑ far / ☐ fur	☑ hard / ☐ herd	☑ barn / ☐ burn

Part 2

	1	2	3	4	5
Trial 1	☐ heart / ☑ hurt	☑ park / ☑ perk	☑ farm / ☐ firm	☐ barred / ☑ bird	☑ dart / ☐ dirt
Trial 2	☐ heart / ☑ hurt	☑ park / ☐ perk	☐ farm / ☑ firm	☑ barred / ☐ bird	☐ dart / ☑ dirt
Trial 3	☑ heart / ☐ hurt	☐ park / ☑ perk	☐ farm / ☑ firm	☐ barred / ☑ bird	☐ dart / ☑ dirt
Trial 4	☑ heart / ☐ hurt	☑ park / ☐ perk	☑ farm / ☐ firm	☐ barred / ☑ bird	☑ dart / ☐ dirt
Trial 5	☐ heart / ☑ hurt	☑ park / ☑ perk	☑ farm / ☐ firm	☐ barred / ☑ bird	☐ dart / ☑ dirt

複合語のアクセント：
恋人の条件？！

　例えば、white house（白い家）などの「普通」の〈形容詞＋名詞〉のフレーズは形容詞も名詞も内容語なので、文の中ではどちらも強く発音されますが、**どちらかと言うと後ろの語が目立って聞こえます。**つまりwhite HOUSE のように。これが「普通」のフレーズのアクセントパターンです。blue SKY、young GIRL、tall MAN などです。city HALL、school LIFE などのように〈名詞＋名詞〉の場合も同様です。

　しかし、もともと〈形容詞＋名詞〉あるいは〈名詞＋名詞〉であっても、2つの結合がある種「特別」な意味を獲得すると、**アクセントパターンが変わり、前の語の方が強く発音される**ようになります。the WHITE house となると世界に1つだけの特別な白い家、すなわち「ホワイトハウス」（米国大統領官邸）のことです。このことがわかっていないと、単に「穏やかな人」(gentle MAN) と言われたのに、「紳士」gentleman（GENtleman）と言われたと思って喜ぶ、といった誤解も起こります。

　このような特別な意味を持つ「複合語」をいくつか挙げます。もともと2語だった間のスペースを入れずに書かれることが多いのですが、2語として書かれる場合もあります。**いずれの場合でも前の部分が強く聞こえる**ことに留意してください。

- BOYfriend（彼氏・男の恋人）⇔ boy FRIEND は、単なる男子の友人
- GRANDfather（祖父）⇔ grand FAther は「偉大な父親」
- HIGH school（高校）⇔ high SCHOOL は「高い学校」（ほぼ意味不明）
- SMOKing car（喫煙できる車両）⇔ smoking CAR は「煙を出している車」
- DARKroom（暗室）⇔ dark ROOM は、単なる「暗い部屋」
- GREENhouse（温室）⇔ green HOUSE は、単なる「緑色の家」
- BLACKboard（黒板）⇔ black BOARD は、単なる「黒い板」
- ENGlilsh teacher（英語教師）⇔ English TEACHer は「イギリス人教師」
- HOT dog（ホットドッグ）⇔ hot DOG は「熱いイヌ」（ほぼ意味不明）
- HEART attack（心臓発作）／ BAby sitter（ベビーシッター）／NEWSpaper（新聞）／

★★★★★★

見た目との
ギャップに慣れる

　第1章と第2章では、単語と単語の連結によって単語の切れ目がわからなくなる、音声のイメージが変わる、という点に着目しました。では単語の切れ目さえわかれば、すべて解決するのかというとそうはいきません。たとえ正しく単語を切り出せたとしても、その単語が何なのかが日本語ネイティブにはわからないことがあります。それは**見た目のイメージと実際の発音との間のギャップの激しい語がある**からです。

　この章では、前後の語とのリンキングの有無に関わらず、その語だけに着目したときにも、初心者がスペリングからイメージする音と実際の音の間にギャップがあるケースを取り上げます。

❯ ギャップの少ない日本語

　序章でも少し触れましたが、日本語のリスニングは比較的容易です。書かれた文の視覚的イメージと聞いた音声の聴覚的イメージの一致度が高いからです。ですから、日本語を学ぶ外国人の方も「見ればわかるのに聞くとわからない」という点での苦労はそれほどないと思います。sakura と書いてあれば sakura と発音し、yakiniku は yakiniku とそのまま発音されるので聞きやすいのです。

❯ ギャップの激しい英語

　英語はこれとは異なり、少なくとも私たち**日本語ネイティブが目で見たときに抱くイメージと耳で聞いたときのイメージが異なる語**がたくさんあります。人に例えるなら、外見から想像する声と、実際に聞いたときの声のギャップがものすごい人、みたいな感じです。

　文字では model とあるのに、発音が「**マドウ**」だったり、travel なのに、「**tr エァヴォゥ**」だったり、cotton なのに「**カンン**」だったり、important

なのに「**インポーンン**」だったりします。

　少し前によくテレビに出ていた「セロ」という名前のプロマジシャンを覚えている人がいるかもしれません。Wikipedia によれば彼は日本人とモロッコ系フランス人の間に生まれたそうですが、英語も日本語も操る彼は、日本では自分の名前を「セロ」と表記し、そう発音していました。でも、これまで「セロ」という英語の人名を知っていましたか。実は「セロ」のつづりは……Cyril なのです。逆に言うと、男子の名である Cyril（シリル）は、「スィ r イル」ではなく「スィ r オウ」とか「セ r オウ」と発音される（聞こえる）、ということです。なお、ロシアの Putin 大統領は、「プーンン」と発音されます。

＞あいまい母音

　今挙げた単語の見た目と聞いたイメージのギャップがあるのには、共通の要因があります。それはアクセントのない音節の母音が「**あいまい母音**」になるということです。model, travel, cotton, important, Cyril, Martin はいずれも赤字部分が「アクセントのない部分の母音」なので、見かけ上の文字が e でも o でも a でも i でも、ほぼ同じように、「あいまい母音」（英語では Schwa［シュワ］と言い、発音記号は ə）で発音されます。

「あいまい母音」というのは「**ア**」「**イ**」「**ウ**」「**エ**」「**オ**」を足して 5 で割ったような音で、強いて言うなら口をほとんど開かずに、いい加減に「**ウ**」と言ったような音です。イメージということで、上の 6 つの単語の「あいまい母音」部分をすべて u で置き換えてみると、modul, travul, cottun, importunt, Cyrul, Martun などとなります。

　もちろん実際には、こういうつづりの単語はありませんが、少なくとも我々日本語ネイティブの頭の中の音声イメージは、まずこのように修正したほうがよいのです。そして、さらに「あいまい母音」はその「あいまい性」が進むと完全に脱落することがあります。そうなると modl、travl、cottn、importnt、Cyrl、Martn のような音声イメージになります。

　特に母音に関しては、a、i、u、e、o をいつでもそのままはっきり発音する、という日本語でのイメージは捨てる必要があります。カタカナ発音から

の思い込みを捨てて、ギャップのない、その単語の本当の「**すっぴん発音**」
をこの章で覚えましょう。

⟩ 何種類もの発音を持つ語がある

これまでの解説は、英語のスペリングをローマ字読みしたような母音がは
っきりしたカタカナ的なイメージとはかけ離れた音声の単語がある、という
ことでした。これは単に音のギャップが大きいということなので、そのギ
ャップを埋めるのは比較的単純な作業です。travel は「トラベル」でなく「tr
ェァヴォウ」だ、と覚えてしまいさえすればいいからです。

ところが英語には、見かけとギャップが大きいというだけでなく、1 つの
語でも**実際の発音のバリエーション**がたくさんある語があるのです。再び
人で例えるなら、見かけは 15 歳の少女が、ある時は 5 歳の子どもの声を出
し、ある時は 15 歳の男子の声を出し、またある時は 50 歳の男性の声を出
す、というような状況です。

⟩ 機能語の弱形

どのような単語がそんな、いわば怪人二十面相みたいな性質を持っている
のでしょうか。それは「**機能語**」と呼ばれる単語です。機能語とは内容語に
対する用語で、主に文法的な機能を担う語という意味です。具体的には、冠
詞、前置詞、接続詞、助動詞などを指します。

機能語 (基本的に弱く発音)
(1) 人を表す代名詞 (I, he, she, him, her)
(2) 助動詞 (can, should, will, must, have, has)
(3) be 動詞 (is, am, are, was, were)
(4) 冠詞 (a, an, the)
(5) 前置詞 (in, at, on, of, with, from, for, to)
(6) 関係代名詞 (who, which, that)
(7) to- 不定詞の to
(8) that 節の that

❯ 助動詞 have を例に

　例えば、助動詞の have を例にとってみましょう。助動詞の have とは、〈have ＋過去分詞〉のように使われるときの have のことです。I have a lot of friends. の have は本動詞で、「持っている」という辞書的なしっかりした意味を持った語です。これに対して現在完了の〈have ＋過去分詞〉の have は、それが現在完了であるということを示すという文法的な機能しか持っていません。

　しかし、みなさんのほとんどは、学校では本動詞でも助動詞でもお構いなしに、have は「ハヴ」、悪くすると「ハブ」という発音を教わって、これまでずっとそのように発音してきたと思います。

❯ 機能語の発音記号を見てみると

　では、辞書で have の助動詞の項目の発音記号を見てみましょう。辞書にもよりますが、おおよそ次のような複数の発音記号が書かれているはずです。

> **have**
> （弱）həv, əv, v, 時に ə（強）hæv

　ここで（弱）と書いてある方の発音記号は、それぞれ「フヴ」「ウヴ」「ヴ」「ウ」のような音を、そして（強）と書いてある方の発音記号は「ヘァヴ」のような音を表します。

　みなさんが have の発音として記憶している「ハヴ」というのは一番右の「ヘァヴ」のざっくりしたカタカナ表記ですが、こういう発音を have の「**強形**」と呼びます。強形というのは、その単語だけを取り出して単独ではっきりと発音するとき、あるいは文の中でも何らかの理由で特別に強調して発音するときの音です。これに対して左側の「ウヴ」「ヴ」のような発音を have の「**弱形**」と呼びます。弱形というのは読んで字のごとく、弱く発音されるときの発音という意味です。

❯ 弱形が先、強形が後

そして助動詞としての have の発音記号欄に、弱形が先に、強形が後に書いてあるという事実に着目してください。それは、機能語に関しては、弱形での発音の方が多いのだ、ということを示しているのです。

機能語は文の中では弱形で発音されるのが原則

確かに「have という単語」について話題にするとき、すなわち単独で have と言うときには「ヘァヴ」のように、強形で発音します。have という語を「引用する」ときの発音、という意味で強形のことを「**引用形**」(citation form) と呼ぶこともあります。

しかし文の中で使うとき、例えば、

He must have known about it. (彼はそのことを知っていたに違いない)

という文の中での have はごく弱く「ウヴ」くらいに発音されるのです。そして子音で終わる must と連結すると「マストゥヴ」となります。続く known と about の間、about と it の間はいずれも「子音＋母音」なので連結します。最後の it の t は飲みこむように発音されます。結果的に文全体では、

引用するときだけ強形

He must ウヴ known about it.

文の中では弱形

```
ヒーマストゥヴノウヌバゥレッ
```

のようなイメージになります。こうなると、

```
ヒー・マスト・ハブ・ノウン・アバウト・イット
```

のような日本語ネイティブが期待してしまう発音とは、かなりのギャップが
あることになり、とても聞き取れないでしょう。使われている単語はすべて
知っているのにもかかわらず、です。

❯日本語ネイティブはよそ行き発音しか知らない

　私たちのように外国語として英語を学習する日本語ネイティブは、ある単
語との初めての出合いが、どうしても文字からのことが多いはずです。そし
てその文字を辞書で調べて、その単語が単独で強調して発音されるときの音
のイメージだけを記憶していくことが多いと思われます。

　このため、日本語ネイティブは英単語の「強形（引用形）」、いわば「よそ
行きの顔」しか頭の中にストックしていないことが最大の弱点だ、と言われ
ています。それでは実際の会話の中、すなわち文の中で使われる弱形の機能
語は聞き取れません。**強形だけを覚えてもダメ**なのです。

　機能語に関しては「普段の顔」すなわち弱形にこそ慣れていきましょう。
これもこの章で練習します。

❯主なギャップパターンとその例

　内容語と機能語の両方について、主なパターンとそれぞれの例を上げてお
きます。パターンごとに、まずは目をつぶって音だけ聞き、次に目を開けて
スペリングを見ながら聞き、最後にもう一度目をつぶって聞いてみてくださ
い。3回めに聞くときはスペリングを頭に浮かべながら、耳から入ってくる
音声とスペリングを一致させるよう努力しましょう。

■ Pattern 1

日本語の中にカタカナ語として入っているイメージと本当の英語の音の差が激しいケース

（例）oven（オーブン）、award（アワード）、vaccine（ワクチン）、vitamin（ビタミン）、career（キャリア）

■ Pattern 2

アクセントのない部分の母音があいまい母音（シュワ）になるためギャップが生まれるケース：

（例）civil、level、chapel、missile、salon

■ Pattern 3

T音が「呑み込むように発音」される結果、Tが発音されていないように思えてしまうケース：

（例）button、Latin、Martin、Putin、patent

■ Pattern 4

T音がラ行音化（たたき音化）するケース

（例）pretty、little、subtle、cattle、kettle

■ Pattern 5

to が弱形でかつ前の語と一体になった結果、似ても似つかぬ音になるケース

（例）going to、want to、got to、ought to

■ Pattern 6

助動詞、前置詞、接続詞などが文の中でごく軽く発音される結果、見た目とギャップが生じるケース

（例）will、can、for、that、where

❯ ギャップについてのまとめ

(1) 内容語の場合はいつでもどこでも発音は変わりませんが、その発音が初心者の日本語ネイティブが**スペリングから連想してしまう発音イメージと差が激しい**場合があります。

(2) 機能語が聞き取れない場合は、文の中で発音された**「弱形」のイメージに慣れていない**のが原因です。

　では、次の Lesson から、さまざまなギャップを克服する練習をしていきましょう。

カタカナと絶大ギャップ

　ここではカタカナ発音と実際の英語発音との**ギャップ**が**単純に大きい**語を取り上げます。主に母音にギャップがある場合、子音にギャップがある場合、アクセントの位置にギャップがある場合、などがあります。

MP3 486-496

▶ギャップ埋め合わせトレーニング
　以下の文を聞き、空欄にどのような語が使われているか聞き取りましょう。

Example The train passed through a lot of tunnels.

1.　　　　　　　　is often not pure　　　　　.
2. Be careful　　　　　　your cocktail too long.
3. The book has all the elements of a　　　　　.
4. He was nominated for　　　　　　　.
5. The　　　　　　is running short in the country.
6. Stuff the turkey, then put it into a　　　　　.
7. The　　　　　　　　is very serious.
8.　　　　　　and balsamic vinegar are perfect for French bread.
9. Pork is a rich source of many　　　　　.
10. The nation has been working to improve the accuracy and range　　　　　.

▶ヒント

ギャップ語	それ以外の主な語
アワード／オーブン／オリーブ／シロップ／スティア（ステア）／スリラー／テーマ／ノベル／ビタミン／ミサイル／ワクチン	actor / flu インフルエンザ / maple / minerals ミネラル / oil / pancake / preheated 予熱した

Example The train passed through a lot of tunnels.	その列車は、いくつものトンネルを通った。
1. Pancake syrup is often not pure maple syrup.	パンケーキシロップは純粋なメープルシロップではない場合が多い。
2. Be careful not to stir your cocktail too long.	カクテルをあまり長くかき回さないようにしなさい。
3. The book has all the elements of a good thriller.	その本は、優れたスリラーが備えているべきすべての要素を持っている。
4. He was nominated for the best actor award.	彼は最優秀男優賞にノミネートされた。
5. The flu vaccine is running short in the country.	インフルエンザワクチンが国内で不足している。
6. Stuff the turkey, then put it into a preheated oven.	七面鳥に詰め物をし、あらかじめ熱したオーブンに入れなさい。
7. The underlying theme of the novel is very serious.	この小説の底に流れるテーマは、非常に深刻なものです。
8. Olive oil and balsamic vinegar are perfect for French bread.	オリーブオイルとバルサミコは、フランスパンとの相性が完璧だ。
9. Pork is a rich source of many vitamins and minerals.	豚肉は多くのビタミンとミネラルの宝庫である。
10. The nation has been working to improve the accuracy and range of their missiles.	その国は、ミサイルの精度と到達距離を向上させようと努力してきた。

第4章

Let's Practice

Step 1 〉 再度音声を聞き、ギャップ語の実際の発音を確認しましょう。

Step 2 〉 納得できたら、録音の音声をまねて、文を音読してみましょう。

Step 3 〉 文字を見ずに音声だけを聞いて、リピートしましょう。

母音のあいまい化ギャップ

ギャップ語の中でも、主に母音が「**あいまい母音（シュワ）**」になっている せいでギャップが生まれているものを集中的に取り上げます。アイウエオの どれでもないのが「あいまい母音」です。

＞ギャップ埋め合わせトレーニング

以下の文を聞き、空欄にどのような語が使われているか聞き取りましょう。

Example Sir, please walk through the metal detector.

1. Not all _____ are deductible.
2. Are you for or against the _____ ?
3. Do you have a favorite _____ ?
4. Which flavor do you want? _____ ?
5. You are fortunate to have a _____ .
6. Many countries suffer from years of _____ .
7. I put an ad in the _____ .
8. They were married in a _____ in Las Vegas.
9. _____ have changed in recent years.
10. _____ may have passed the point of no return.

●ヒント

ギャップ語	それ以外の主な語
キャリア／グローバル／サロン／シビル／チャペル／トラベル／バニラ／パターン／ペナルティ／ローカル	expenses 費用 / nail / war / warming / weather / wedding

✅ トレーニングの解答と訳 ⋯⋯⋯⋯⋯⋯⋯⋯⋯⋯⋯⋯

| **Example** Sir, please walk through the metal detector. | すみません、金属探知機を通っていただけますか。 |

---

1. Not all travel expenses are deductible.

   ≫ not all ～は部分否定です。

   交通費のすべてが控除にできるわけではありません。

---

2. Are you for or against the death penalty?

   あなたは死刑制度に賛成ですか、反対ですか。

---

3. Do you have a favorite nail salon?

   あなたには、お気に入りのネイルサロンはありますか。

---

4. Which flavor do you want? Chocolate or vanilla?

   味どちらがいいですか、チョコレート、それともバニラ？

---

5. You are fortunate to have a career that you love.

   好きなことを仕事にできているなんて、あなたは運がいいですよ。

---

6. Many countries suffer from years of civil war.

   多くの国々が何年も続く内戦に苦しんでいる。

---

7. I put an ad in the local newspaper.

   ≫ put an ad in はリンキングして「プタナディン」のように聞こえます。

   私は地元紙に広告を出しました。

---

8. They were married in a wedding chapel in Las Vegas.

   彼らは、ラスベガスのチャペルで結婚式を挙げた。

---

9. Weather patterns have changed in recent years.

   近年、天候のパターンが変わってきた。

---

10. Global warming may have passed the point of no return.

    ≫ the point of no return とは「後戻りが不可能になる限界点」。

    地球温暖化は、もう元に戻れないところまで来てしまったのかもしれない。

🔊 Let's Practice

Step 1 ⟩ 再度音声を聞き、ギャップ語の実際の発音を確認しましょう。

Step 2 ⟩ 納得できたら、録音の音声をまねて、文を音読してみましょう。

Step 3 ⟩ 文字を見ずに音声だけを聞いて、リピートしましょう。

消えるＴ音ギャップ（語中）

通常のＴ音は舌先を歯ぐきに付けてから破裂させますが、舌先を離さないまま呑み込むように発音する（**鼻腔開放、声門閉鎖**という）場合があり、そうすると初心者の耳には**Ｔ音がない**ように聞こえます。語の中にそういうＴ音がある場合を集めました。

MP3
508-518

▶ギャップ埋め合わせトレーニング

以下の文を聞き、空欄にどのような語が使われているか聞き取りましょう。

Example She was a witness to the accident.

1. Airport security   .
2. The device is   .
3. I agree with you   .
4. The whole government is   .
5. The   is rather informal.
6. We were satisfied with the   .
7. You must   to start the machine.
8.   , so we couldn't see inside.
9. She is not married but she's living   .
10. The   down for two hours   .

●ヒント ··

Ｔ音呑み込みギャップ語	それ以外の主な語
atmosphere 雰囲気 / button / certain / curtain / maintenance / network / outcome / partner / patent 特許 / rotten / tightened	closed / core / extent 程度 / meeting / office / press / protected

✅トレーニングの解答と訳 ·····

Example She was a witness to the accident.	彼女はその事故の目撃者だった。
1. Airport security has been tightened.	空港の保安検査が強化された。
2. The device is protected by a patent.	この装置は特許で保護されている。
3. I agree with you to a certain extent.	私は、ある程度あなたに同意します。
4. The whole government is rotten to the core.	政府全体が芯まで腐っている。
5. The atmosphere in our office is rather informal. » in と our は N 音でリンキングします。	うちの会社の雰囲気は、かなりくだけています。
6. We were satisfied with the outcome of the meeting.	われわれは会議の成果に満足した。
7. You must press this button to start the machine. » start の最後の t は the に吸収されます。なお、machine は a 部分の「あいまい母音」のせいで「ミシン」と聞こえることがあります。	その装置を起動するには、このボタンを押さないといけない。
8. The curtain was closed, so we couldn't see inside.	カーテンが閉まっていたので、中は見えなかった。
9. She is not married but she's living with her partner.	彼女は結婚していないが、パートナーと同居している。
10. The network will be down for two hours for maintenance.	保守点検のため、ネットワークが2時間ダウンします。

◀ Let's Practice

Step 1〉 再度音声を聞き、ギャップ語の実際の発音を確認しましょう。

Step 2〉 納得できたら、録音の音声をまねて、文を音読してみましょう。

Step 3〉 文字を見ずに音声だけを聞いて、リピートしましょう。

T音のたたき音化ギャップ

　強いアクセントと弱いアクセントにサンドイッチされたときのT音が「た
たき音」になるケースに慣れましょう。「D音」のように聞こえたり日本語
の「ラ行音」っぽく聞こえたりします。writer と rider が（ほぼ）同一の発音
になります。

>ギャップ埋め合わせトレーニング

MP3
519-529

　以下の文を聞き、空欄にどのような語が使われているか聞き取りましょう。

Example Losing the match was a bitter experience for him.

1. You'd　　　　　　　more fruits and vegetables.
2. Is　　　　　　　　　　　safe to drink?
3. 　　　　　　　to our future happiness!
4. You're　　　　　　inside out.
5. I'm　　　　　　　　　of character.
6. You can substitute oil　　　　　in this recipe.
7. The new machine is equipped with　　　　　technologies.
8. The police believe the three crimes　　　　　.
9. I don't doubt that the earth is　　　　　every year.
10. Do you know　　　　　like to live in Japan as a foreigner?

●ヒント

たたき音化するT音ギャップ語	それ以外の主な語
better / butter / cutting / hotter / it / let / pretty / related / sweater / water	edge / judge / tap 蛇口 / toast 乾杯する / wearing

✔️トレーニングの解答と訳 ⋯⋯⋯⋯⋯⋯⋯⋯⋯⋯⋯⋯⋯⋯⋯⋯⋯⋯⋯

Example Losing the match was a bitter experience for him.

その試合で敗けたことは、彼にとって苦い経験となった。

1. You'd better eat more fruits and vegetables.

   » eat の t は飲み込まれます。

   あなたはもっと野菜と果物を食べた方がいいよ。

2. Is the tap water here safe to drink?

   » tap water で「蛇口をひねって出てくる水」。

   ここの水道水は飲んでも大丈夫ですか。

3. Let us toast to our future happiness!

   » toast の t は聞こえません。

   我々の今後の幸せに乾杯！

4. You're wearing your sweater inside out.

   君はセーターを裏表に着ているよ。

5. I'm a pretty good judge of character.

   » この judge は「判断者、判定者」。

   私は人の性格がかなりよく見抜けるほうです。

6. You can substitute oil for butter in this recipe.

   このレシピでは、バターの代わりに油を使うこともできます。

7. The new machine is equipped with cutting edge technologies.

   » cutting edge で「最新の」。

   この新しい機械には最新のテクノロジーが使われています。

8. The police believe the three crimes are related.

   警察は、その3つの犯罪は関連していると考えている。

9. I don't doubt that the earth is getting hotter every year.

   私は地球が年々暑くなっていることを疑っていない。

10. Do you know what it is like to live in Japan as a foreigner?

    » what の t も it の t も「たたき音」化すると「ワリリ z」のようになります。

    日本に外国人として住むことがどのようなことなのか知っていますか。

🎀Let's Practice

Step 1 > 再度音声を聞き、ギャップ語の実際の発音を確認しましょう。

Step 2 > 納得できたら、録音の音声をまねて、文を音読してみましょう。

Step 3 > 文字を見ずに音声だけを聞いて、リピートしましょう。

省エネ N 音語ギャップ（語末）

語の末尾が -nt または -nd で終わるとき、その T 音または D 音が脱落することがあります。こういう**「見かけは N 音で終わらないが実際には N 音で終わる語」**（＝省エネ N 音語）の後に母音がリンキングするのに慣れましょう。

▶ギャップ埋め合わせトレーニング

MP3
530-540

以下の文を聞き、空欄にどのような語が使われているか聞き取りましょう。

Example I was overwhelmed by the amount of work.

1. It's a _____ test.
2. I did it _____.
3. Honestly, I _____.
4. She doesn't listen to _____.
5. If you really _____, say you _____.
6. We ask for your patience _____.
7. What he needs is a place to live _____.
8. Exercise _____ go hand in hand.
9. _____ should live in harmony together.
10. Your performance has shown _____.

●ヒント

脱落するT音・D音ギャップ語	ギャップ語の直後に来る語
and / friend / kind / significant かなりの / want	again / animals / improvement 改善 / it / of / understanding

✅トレーニングの解答と訳

| Example I was overwhelmed by the amount of work. | その試合で敗けたことは、彼にとって苦い経験となった。 |

1. It's a quick and easy test.　　それは手早くて簡単なテストです。

2. I did it again and again.　　それを何度も何度もやりました。
>> again and again で「アゲナナゲン」のように聞こえます。

3. Honestly, I kind of like it.　　正直、私それ、ちょっと好きかも。
>> of の f も落ちて kind of で「カイナ」のように聞こえます。口語で「ちょっと」の意味。

4. She doesn't listen to this kind of music.　　彼女は、この種類の音楽は聞きませんよ。

5. If you really want it, say you want it.　　本当に欲しいなら、欲しいと言いなさい。

6. We ask for your patience and understanding.　　ご辛抱とご理解をよろしくお願いいたします。

7. What he needs is a place to live and a job.　　彼に必要なのは、住む場所と仕事だ。

8. Exercise and a good night's rest go hand in hand.　　運動と十分な睡眠は密接に関連しています。
>> go hand in hand は「手に手をとって進む→一緒に存在する、関連している」。

9. People and animals should live in harmony together.　　人と動物は、ともに調和して生きるべきだ。

10. Your performance has shown significant improvement.　　君の業績は、かなりよくなったね。

第4章

 Let's Practice

Step 1 〉 再度音声を聞き、ギャップ語の実際の発音を確認しましょう。

Step 2 〉 納得できたら、録音の音声をまねて、文を音読してみましょう。

Step 3 〉 文字を見ずに音声だけを聞いて、リピートしましょう。

省エネ N 音語ギャップ（語中）

「-nt」の T 音または「-nd」の D 音が脱落して生まれる「**省エネ N 音**」が語中にあるケースです。あるはずの T 音、D 音を飛び越えて、N 音が後ろの母音と連結して「**ナ**」「**二**」「**ヌ**」「**ネ**」「**ノ**」の音が生まれることに慣れましょう。

> ## ▶ ギャップ埋め合わせトレーニング
>
> MP3
> 541-551
>
> 以下の文を聞き、空欄にどのような語が使われているか聞き取りましょう。
>
> **Example** There are a lot of reasons why you should drink plenty of water.
>
> 1. Our city is _____ of the country.
> 2. Prices vary according to _____.
> 3. Everything is more connected _____.
> 4. My father seemed _____.
> 5. ICBM stands for _____ ballistic missile.
> 6. He tries not to let business _____.
> 7. _____ is more important than ever.
> 8. It's not a good idea to use humor in a _____.
> 9. Physical health and _____ are closely related.
> 10. I _____ let you know.

▶ ヒント

脱落する T 音ギャップ語	それ以外の主な語
center / disappointed / intercontinental 大陸間の / intercultural 異文化間の / interfere 介入する / internet / interview / mental / quantity 量 / wanted	angry / awareness 意識 / health / home / industry 産業 / job / life / ordered / water

✓トレーニングの解答と訳

Example There are a lot of reasons why you should drink plenty of water.

たくさん水を飲んだほうがよい理由は、たくさんある。

≫ of が弱形なので、plenty of で「プレニア」のように聞こえます。

---

1. Our city is the industry center of the country.

当市はこの国の産業の中心地です。

---

2. Prices vary according to the quantity ordered.

価格は注文する数量に応じて変化します。

---

3. Everything is more connected to the internet.

すべてのものが、ますますネットにつながってきています。

---

4. My father seemed more disappointed than angry.

父は、怒ったというより落胆したようだった。

---

5. ICBM stands for intercontinental ballistic missile.

ICBM とは、大陸間弾道ミサイルの略です。

---

6. He tries not to let business interfere with his home life.

彼は、仕事が家庭生活に影響しないよう心がけている。

---

7. Intercultural awareness is more important than ever.

異文化に対する意識は、以前にも増して重要である。

---

8. It's not a good idea to use humor in a job interview.

就職面接でユーモアを使うのはよい考えではない。

---

9. Physical health and mental health are closely related.

肉体の健康と精神の健康は、密接に関連している。

---

10. I just wanted to let you know.

ただ君には知らせたいと思ったんです。

第4章

◀ Let's Practice

Step 1 〉 再度音声を聞き、ギャップ語の実際の発音を確認しましょう。

Step 2 〉 納得できたら、録音の音声をまねて、文を音読してみましょう。

Step 3 〉 文字を見ずに音声だけを聞いて、リピートしましょう。

gonna 化ギャップ

going to が gonna「**ガナ**」に聞こえます。to が弱化したり、n 音の後の t 音が落ちたりといった複合的音声変化の結果です。ただし be going to の be は gonna には**含まれていない**ことに注意しましょう。

MP3 552-562

▶ギャップ埋め合わせトレーニング

以下の文を聞き、空欄にどのような語が使われているか聞き取りましょう。

Example I'm not going to wait any more.

1. You're _____ this.
2. You're _____ later.
3. I'm _____ right now.
4. Looks like _____ another hot day.
5. My father is _____ next month.
6. That's _____ any time soon.
7. What are we _____ ?
8. I think it's _____ another hour or so.
9. My mother is _____ next week.
10. I'm not _____ the boss's harassment anymore.

● ヒント ··

複合音声変化ギャップ語句	それ以外の主な語
going to	believe / happen / operation 手術 / put / retire / sorry

✔トレーニングの解答と訳 ···

Example I'm not going to wait any more.
　» not の t は聞こえません。

もうこれ以上は待たないぞ。

---

1. You're not going to believe this.
　» not の t は聞こえません。

君はこれを信じないだろう。

---

2. You're going to be sorry about this later.
　» about の t は聞こえません。この表現は多少「脅し」のニュアンスがあります。

君は後で悔やむことになるぞ。

---

3. I'm going to do that right now.
　» that の語尾の t は聞こえません。

それは、今すぐにやります。

---

4. Looks like it's going to be another hot day.
　» another で、これまでにも暑い日があったというニュアンスを表します。

今日も暑い日になりそうだ。

---

5. My father is going to retire next month.

父は来月に定年退職します。

---

6. That's not going to happen any time soon.

そのことは、すぐには起こらない（→それは今日明日にも実現するというわけにはいかない）。

---

7. What are we going to do about it?
　» about it はリンキングで、「アバウレッ」のように聞こえます。

それはどうするんだ？

---

8. I think it's going to take another hour or so.
　» take と another はリンクします。

あと1、2時間はかかると思います。

---

9. My mother is going to have an operation next week.
　» have と an と operation はリンクします。

母は来週、手術することになっています。

---

10. I'm not going to put up with the boss's harassment anymore.
　» put up with で「～を我慢する」。

私は、上司のハラスメントをこれ以上我慢しません。

🔊 Let's Practice

Step 1〉 再度音声を聞き、ギャップ語の実際の発音を確認しましょう。

Step 2〉 納得できたら、録音の音声をまねて、文を音読してみましょう。

Step 3〉 文字を見ずに音声だけを聞いて、リピートしましょう。

wanna 化ギャップ

want to が wanna「**ワナ**」に聞こえます。to が弱化して ta のようになり wanta、それと同時に nt の T 音が N 化して wanna になる、というメカニズムです。

MP3
563-573

▶ギャップ埋め合わせトレーニング

以下の文を聞き、空欄にどのような語が使われているか聞き取りましょう。

Example Where do you want to go next?

1. I   this.
2. What time do you   ?
3. What do you   tomorrow?
4. I don't   myself.
5. He doesn't   in this.
6. I don't   you.
7. My mother doesn't   .
8. I   loved.
9. My girlfriend doesn't   .
10. She doesn't   .

●ヒント

複合音声変化ギャップ語句	それ以外の主な語
want to	alone / bother / fool / future / involved / leave / live / talk

✔️ トレーニングの解答と訳 ······

| **Example** Where do you want to go next? | 次はどこに行きたい？ |

1. I just want to say this.

これだけは言いたいです。

>> just は弱形で t は聞こえません。

2. What time do you want to leave?

何時に出発したいですか。

3. What do you want to do tomorrow?

明日は何をしたいですか。

4. I don't want to make a fool of myself.

私は笑いものになりたくない。

>> make a fool of ～で「～を笑いものにする」。

5. He doesn't want to get involved in this.

彼は、この件には関わりたくないと思っている。

>> get involved in は、ge tin volve din のように聞こえます。

6. I don't want to bother you.

あなたの手間をとらせたくありません。

7. My mother doesn't want to live alone.

母は1人で暮らしたくないのです。

>> live と alone はリンクします。

8. I just want to feel loved.

私は、愛されていると感じたいだけです。

9. My girlfriend doesn't want to talk about the future.

僕の彼女は、将来のことについて話したがらない。

>> talk about the は「トーカバウダ」のように聞こえます。

10. She doesn't want to be in a relationship at the moment.

彼女は今のところ、交際を始める気持ちはない。

>> relationship は性別にかかわらず「恋愛・性愛をともなうような親密な関係」のこと。at the moment で「今は」at の t は the に吸収されて聞こえません。

◀️ ⋯Let's Practice

Step 1 再度音声を聞き、ギャップ語の実際の発音を確認しましょう。

Step 2 納得できたら、録音の音声をまねて、文を音読してみましょう。

Step 3 文字を見ずに音声だけを聞いて、リピートしましょう。

gotta 化ギャップ

have to と同じ意味の have got to が、('ve) gotta「ガラ」、has to と同じ意味の has got to が ('s) gotta「ガラ」と聞こえることがあります。gonna に be が含まれないように、gotta にも have や has は含まれないことに注意しましょう。

> ## ▶ギャップ埋め合わせトレーニング

MP3 574-584

以下の文を聞き、空欄にどのような語が使われているか聞き取りましょう。

Example I got to go now.

1. He's _____ .
2. I _____ today.
3. You've _____ love.
4. We've _____ done today.
5. You've _____ the paper. It's urgent.
6. A _____ what a _____ .
7. Prices are high and _____ .
8. I've _____ on my way home.
9. You've _____ about your work.
10. We've _____ cheese, bread, and wine.

●ヒント

複合音声変化ギャップ語句	それ以外の主な語
got to	buy / find / kidding / kids / pick / positive / report / sign

✅ トレーニングの解答と訳

Example I got to go now.
私もう行かないと。

---

1. He's got to be kidding.
彼、きっと冗談を言っているんでしょう。

　≫ kid は動詞で「冗談を言う」。

---

2. I got to work overtime today.
今日、私は残業をしないといけない。

---

3. You've got to find what you love.
あなたは、自分が愛せるものを見つけなければなりません。

---

4. We've got to get this report done today.
報告書は、今日中に仕上げなければならない。

　≫ get の t は this の前で聞こえません。

---

5. You've got to sign the paper. It's urgent.
書類にサインしていただかないと。大至急です。

---

6. A man's got to do what a man's got to do.
為さねばならぬことを為さねばならぬ。

　≫「やりたいかどうかにかかわらず、しなければならぬことをする」ように促す表現です。

---

7. Prices are high and our kids got to eat.
物価は高いし、子どもは食べさせなきゃならないし。

---

8. I've got to pick up my kids on my way home.
家に帰る途中で子どもたちを迎えに行かなければなりません。

---

9. You've got to be more positive about your work.
君は自分の仕事について、もっと前向きにならなくてはだめだ。

---

10. We've got to buy some cheese, bread, and wine.
チーズとパンとワインを買わなくちゃ。

　≫ some は弱形で「スm」くらいに聞こえます。

📢 ꞏ Let's Practice

Step 1 〉 再度音声を聞き、ギャップ語の実際の発音を確認しましょう。

Step 2 〉 納得できたら、録音の音声をまねて、文を音読してみましょう。

Step 3 〉 文字を見ずに音声だけを聞いて、リピートしましょう。

oughta 化ギャップ

ought to が、oughta「オータ」または「アラ」のように聞こえます。to が弱形化し、かつ ought の語末の T 音が「たたき音」化する結果です。

> **ギャップ埋め合わせトレーニング**

MP3
585-595

以下の文を聞き、空欄にどのような語が使われているか聞き取りましょう。

Example You really ought to stay in bed.

1. I _____ better.
2. We _____ .
3. You _____ her.
4. I think I _____ .
5. I _____ your advice.
6. You _____ of yourself.
7. You _____ and stop worrying about it.
8. I _____ said a thing like that.
9. You know _____ , don't you?
10. If the consumption tax is abolished, _____ down.

● **ヒント** ··

複合音声変化ギャップ語句	それ以外の主な語
ought to	ashamed 恥じて / believe / followed / prices / relax / start

✅トレーニングの解答と訳

Example You really ought to stay in bed.　　本当に寝てなきゃだめだって。

1. I ought to have known better.　　あんなばかなことする［言う］べきじゃなかった。

   » know better は、「（現にしている［言っている］ことより）分別がある」。比較の対象として省略されているのは than saying [doing] that という語句。

2. We ought to start at once.　　今すぐ始めるべきですね。

   » start と at はリンキングします。

3. You ought not to believe her.　　彼女を信じちゃいけません。

   » her の H 音はごく弱いか、脱落することが多いです。

4. I think I ought to go.　　そろそろ行かなければ。

5. I ought to have followed your advice.　　あなたの忠告に従うべきでした。

   » 実際には I did not follow your advice. だったが、それを悔いる表現。followed your はリンキングと音声変化で「ファロウヂョ」のように聞こえます。

6. You ought to be ashamed of yourself.　　あなたは恥を知るべきです。

   » ashamed と of と yourself のリンキングの箇所は「ダヴョ」のように聞こえます。

7. You ought to relax and stop worrying about it.　　少し肩の力を抜いて、それについて心配するのはやめたほうがいい。

8. I ought not to have said a thing like that.　　あのようなことを私は言うべきではなかった。

9. You know what ought to be done, don't you?　　君は何がなされるべきか、わかっているんだろう？

   » what と ought もリンキングします。

10. If the consumption tax is abolished, prices ought to come down.　　もし消費税が廃止されれば、物価は下がるはずです。

Let's Practice

Step 1 〉文を見ながら再度音声を聞き、リンキングを確認しましょう。

Step 2 〉納得できたら、録音の音声をまねて、文を音読してみましょう。

Step 3 〉文字を見ずに音声だけを聞いて、リピートしましょう。

Lesson 56

消える H 音（助動詞）

　h で始まる語が文の中で使われて、アクセントがない場合、**語頭の H 音が消えてしまう**ことがあります。です。その１つのケースが have、has、had が助動詞として使われているときです。H 音に加えて V 音も落ち、have が a に聞こえることもあります。

▶ ギャップ埋め合わせトレーニング

　以下の文を聞き、空欄にどのような語が使われているか聞き取りましょう。

Example My parents will have been married for forty years this December.

1. There 　　　　　 some misunderstanding.
2. This 　　　　　 done without you.
3. She 　　　　　 an excellent teacher.
4. The 　　　　　 ambiguous on this issue.
5. The 　　　　　 delayed due to the bad weather.
6. She felt sure that 　　　　　 the right thing.
7. 　　　　　 a bottle of wine by the time we arrived.
8. 　　　　　 my routine to go jogging before breakfast.
9. You 　　　　　 me in advance.
10. If 　　　　　 what would happen, I 　　　　　 gone there.

▶ ヒント

H 音脱落ギャップ語	それ以外の主な語
had / has / have	couldn't / flight フライト / government / must / never / parents / should / would

Example My parents will have been married for forty years this December.

うちの両親は、この 12 月で結婚して 40 年になります。

---

1. There must have been some misunderstanding.
   » 「マスタベン」のように聞こえます。

何か誤解があったに違いない。

---

2. This couldn't have been done without you.

あなたなしでは、これは達成できませんでした。

---

3. She would have made an excellent teacher.

彼女なら、優秀な教師になったはずなのになぁ。

---

4. The government has been ambiguous on this issue.

政府は、この件に関して、あいまいな態度をとってきた。

---

5. The flight has been delayed due to the bad weather.
   » due to 〜で「〜のせいで」。

そのフライトは、悪天候のために遅れています。

---

6. She felt sure that she had done the right thing.

自分は正しいことをしたのだと、彼女は確信しました。

---

7. She had drunk a bottle of wine by the time we arrived.

私たちが着いたときには、彼女はワインをボトル 1 本飲んでいました。

---

8. It has become my routine to go jogging before breakfast.

朝食前にジョギングに行くことが、私の日課になりました。

---

9. You should have told me in advance.
   » told の d は聞こえません。in と advance は N でリンキング。

あなたは私に事前に伝えるべきだった。

---

10. If I had known what would happen, I would have never gone there.
    » 仮定法過去完了の文です。

何が起こるかがわかっていたら、私はそこには行かなかったでしょう。

◀ Let's Practice

Step 1 〉 文を見ながら再度音声を聞き、リンキングを確認しましょう。

Step 2 〉 納得できたら、録音の音声をまねて、文を音読してみましょう。

Step 3 〉 文字を見ずに音声だけを聞いて、リピートしましょう。

第4章

消える H 音（代名詞）

今度は代名詞の he、his、him、her および副詞の here の**語頭の H 音が消える**ケースに慣れましょう。H 音がなければ、これらの語は母音で始まることになり、前の語が子音で終わっているとリンキングします。

> **▶ギャップ埋め合わせトレーニング**
>
> 以下の文を聞き、空欄にどのような語が使われているか聞き取りましょう。
>
> **Example** He finally confessed his crime.
>
> 1. What time   ?
> 2. I'll   tonight.
> 3. What   ?
> 4. When I   , she was about ten.
> 5. She turned to   in surprise.
> 6. Can you   ?
> 7. He inherited a fortune   .
> 8. I   of a friend of mine.
> 9.   young, he had lots of hair.
> 10. She had to stop from time to time to   .

MP3 607-617

▶ヒント ··

H 音脱落ギャップ語	それ以外の主な語
he / her / here / him / his	breath 息 / confessed 告白した / first / minute / wedding

✅ トレーニングの解答と訳 ·····

| **Example** He finally confessed his crime. | 彼は、ついに自分の犯行を自白した。 |

1. What time did you get here?

あなたは何時にここに着きましたか。

2. I'll call her again tonight.

今晩、もう一度彼女に電話してみます。

3. What should he do?

彼はどうすべきなのだろう？

4. When I first met her, she was about ten.
   » fist の t は聞こえません。

私が彼女に最初に出会ったのは、彼女が 10 歳くらいの時だった。

5. She turned to look at him in surprise.
   » turned の d は聞こえません。look at him in で「ロカティミン」のように聞こえます。

彼女は驚いて彼の方に向き直った。

6. Can you come here for a minute?
   » for は弱形で a とリンキングします。

ちょっとこっちに来てくれるかな。

7. He inherited a fortune from his grandmother.

彼は、おじいさんからひと財産を相続した。

8. I met him at the wedding of a friend of mine.
   » friend of は「フレナ」のように聞こえることがあります。

彼とは、私の友達の結婚式で会いました。

9. When he was young, he had lots of hair.
   » When と he はリンキングして、「ウェニー」と聞こえます。

若い頃、彼は髪がたくさんありました。

10. She had to stop from time to time to catch her breath.
    » from time to time で「ときどき」。

彼女は息を整えるために、ときどき立ち止まらなくてはなりませんでした。

Let's Practice

Step 1 〉 文を見ながら再度音声を聞き、リンキングを確認しましょう。

Step 2 〉 納得できたら、録音の音声をまねて、文を音読してみましょう。

Step 3 〉 文字を見ずに音声だけを聞いて、リピートしましょう。

弱形ギャップ（can ／ could）

助動詞の can、could の弱形に慣れましょう。can が弱形だと a の部分が「あいまい母音」となり、全体がごく短く cn（**クン**）と聞こえます。could もごく短く、語末の d が聞こえないと、「**ク**」くらいに聞こえます。

> ## >ギャップ埋め合わせトレーニング
>
> MP3
> 618-628
>
> 以下の文を聞き、空欄にどのような語が使われているか聞き取りましょう。
>
> **Example** I'm glad you could come.
>
> 1. I am very sure that I   .
> 2. It   worse.
> 3. Smoking   lung cancer.
> 4. I   a rough estimate.
> 5. I   in my car, if you like.
> 6. Pressure   the worst in people.
> 7. You   using video materials.
> 8. If you're willing to fly at night, you   much cheaper ticket.
> 9. Five minutes of exercise a day   all the difference.
> 10. I wonder if you   some information about places to visit.

●ヒント

弱形ギャップ助動詞	それ以外の主な語
can / could	bring / give / lead / make / take

✅ トレーニングの解答と訳 ....

Example I'm glad you could come.
あなたが来られてうれしいです。
　》glad と you はリンキングで「グラーヂュ」と聞こえます。

1. I am very sure that I can make it.
わたしは絶対うまくやれると思います。
　》make it は「（話題になっていることが）できる、成功する」。

2. It could have been worse.
もっとひどい結果もあり得た（→不幸中の幸いだ、この程度でよかった）。
　》could have been は「クダベン」です。

3. Smoking can lead to lung cancer.
喫煙は肺がんの原因となる可能性があります。
　》lead の d は聞こえません。

4. I can give you a rough estimate.
概算の数字ならお伝えできます。

5. I could take you in my car, if you like.
もしよかったら、僕の車で送ってあげることもできますよ。

6. Pressure can bring out the worst in people.
プレッシャーがかかると、人の一番悪い面が出てくる。
　》bring out で「引き出す」。

7. You can teach yourself at home using video materials.
あなたは、自宅でビデオ教材を使って独習することもできます。

8. If you're willing to fly at night, you can get a much cheaper ticket.
夜行便でかまわなければ、もっとずっと安いチケットがあります。
　》at の t は聞こえません。

9. Five minutes of exercise a day could make all the difference.
1日に5分運動するだけで、まったく違った結果になります。
　》could の d は聞こえません。

10. I wonder if you could give me some information about places to visit.
観光名所についての情報をいただけますでしょうか。

◀️ Let's Practice

Step 1 〉 文を見ながら再度音声を聞き、リンキングを確認しましょう。

Step 2 〉 納得できたら、録音の音声をまねて、文を音読してみましょう。

Step 3 〉 文字を見ずに音声だけを聞いて、リピートしましょう。

第4章

弱形ギャップ（will ／ would）

助動詞の will は、弱形もしくは短縮形になると「**ウォ**」または「**ウ**」くらいになります。would の後に子音で始まる動詞が続く場合は、would の d が聞こえないことがあります。

> MP3
> 629-639

▶ ギャップ埋め合わせトレーニング

以下の文を聞き、空欄にどのような語が使われているか聞き取りましょう。

Example The guy would do anything to win.

1. It is certain that _____ to our proposal.
2. If I were you, _____ the truth.
3. Great! _____ perfectly.
4. _____ to have for dinner?
5. At our school, _____ left behind.
6. _____ interesting to see what he says.
7. I don't think _____ to implement.
8. _____ if we could reschedule our Thursday meeting.
9. _____ great if you could come to the party.
10. _____ to persuade them that it's a good idea.

● ヒント

弱形ギャップ助動詞	それ以外の主な語
will / would	agree / appreciate 感謝する / difficult / guy / love / plan / tell

✔️ トレーニングの解答と訳

Example The guy would do anything to win.

あの男は、勝つためなら何でもしかねない。

　》would の d は do に吸収されて聞こえません。

---

1. It is certain that they will agree to our proposal.

彼らが我々の提案に同意するのは確実だ。

　》will と agree は L 音でリンクします。

---

2. If I were you, I would tell the truth.

もし私があなただったら，真実を言いますね。

　》If I were you ... は相手に遠回しにアドバイスをする表現。

---

3. Great! That will do perfectly.

すばらしい！　それで完璧です。

　》~ will do は「~で都合がよい、~で間に合う。

---

4. What would you like to have for dinner?

夕食は何がよろしいですか。

　》what の t は聞こえません。

---

5. At our school, no child will be left behind.

当校では、一人の子どもも落ちこれさせません。

---

6. It will be interesting to see what he says.

彼が何と言うのか興味深いところだ。

　》it will は「イロウ」のように聞こえることがあります。

---

7. I don't think the plan will be easy to implement.

この計画は、実行するのが容易だとは思いませんね。

---

8. I'd appreciate it if we could reschedule our Thursday meeting.

木曜日の会議の日程を変更できるとありがたいのですが。

---

9. It would be great if you could come to the party.

あなたにパーティーに来ていただけるなら、とてもうれしいです。

　》it の t は聞こえません。

---

10. It will be difficult to persuade them that it's a good idea.

それがいい考えだということを彼らに納得させるのは難しいだろう。

▶️ Let's Practice

Step 1〉 文を見ながら再度音声を聞き、リンキングを確認しましょう。

Step 2〉 納得できたら、録音の音声をまねて、文を音読してみましょう。

Step 3〉 文字を見ずに音声だけを聞いて、リピートしましょう。

第4章

209

弱形ギャップ（of）

ofも特別な理由がない限り、文中では弱形で発音されます。oの部分が短くなり、場合によっては普通ならV音であるfの部分が無声化し、さらには完全に脱落します。結果的に**冠詞のaと事実上同じ発音**になることもあります。

> **ギャップ埋め合わせトレーニング**

MP3
640-650

以下の文を聞き、空欄にどのような語が使われているか聞き取りましょう。

Example The news spread by word of mouth.

1. It's a _____ .
2. There's a _____ today.
3. We don't have a _____ to spare.
4. She's an old _____ .
5. At the _____ day, it's his decision.
6. He has a very good _____ .
7. I know what people are saying, but _____ is true.
8. What do you think is the best _____ show?
9. She's talented and beautiful, but most of all she has a _____ .
10. The deal will be profitable to _____ stakeholders.

● ヒント ……………………………………………………………………………………

弱形ギャップ語	ギャップ語の前の語
of	all / end / friend / heart / lot / none / part / piece / sense

✅トレーニングの解答と訳

Example The news spread by word of mouth.
>> word of mouth は「口伝え」。

そのニュースは口コミで広まった。

---

1. It's a piece of cake.
>> a piece of cake はイディオムで「非常に簡単なもの、朝飯前」の意。

そんなの楽勝だよ。

---

2. There's a lot of traffic today.

今日は交通量が多い。

---

3. We don't have a lot of time to spare.

我々には、あまり時間の余裕がない。

---

4. She's an old friend of mine.
>> She's an old は「シーザノーウ d」と聞こえます。

彼女は私の古い友人です。

---

5. At the end of the day, it's his decision.

>> at the end of the day は「最終的に、つまるところ」の意。

最終的には、それは彼が決めることだ。

---

6. He has a very good sense of direction.

彼は非常に方向感覚が優れている。

---

7. I know what people are saying, but none of it is true.

人が何と言っているかは知っていますが、すべて偽りです。

---

8. What do you think is the best part of the show?
>> best の t は聞こえません。

そのショーの一番の見所は何だと思いますか。

---

9. She's talented and beautiful, but most of all she has a heart of gold.
>> heart of gold は「黄金でできたハート（→親切で優しい心）」。

彼女は才能があって美しいが、何よりも心根がすばらしい。

---

10. The deal will be profitable to all of the stakeholders.

その取引はすべての利害関係者にとって利益なものとなるだろう。

◀ Let's Practice

Step 1 〉 文を見ながら再度音声を聞き、リンキングを確認しましょう。

Step 2 〉 納得できたら、録音の音声をまねて、文を音読してみましょう。

Step 3 〉 文字を見ずに音声だけを聞いて、リピートしましょう。

第4章

弱形ギャップ（from ／ for）

F音で始まる前置詞 for と from の弱形に慣れましょう。for は「ファ」、from は「フ m」くらいに聞こえます。

> **＞ギャップ埋め合わせトレーニング**
> MP3
> 651-661
>
> 以下の文を聞き、空欄にどのような語が使われているか聞き取りましょう。
>
> **Example** Thanks for calling.
>
> 1. Did you buy   ?
> 2. His   is unknown.
> 3. We haven't   recently.
> 4. When is   ?
> 5. There's   to be angry.
> 6. I love my wife   .
> 7. I'm   to read.
> 8. I could tell he was   .
> 9. It's almost   to start.
> 10. They are so alike that I can't   .

●ヒント ....

弱形ギャップ語	それ以外の主な語
for / from	bottom / crime / heart / motive 動機 / movie / present / reason

✅トレーニングの解答と訳

| Example Thanks for calling. | 電話をくれてありがとう。 |

1. Did you buy a present for Mary?　　メアリーのプレゼントは買った？

2. His motive for the crime is unknown.　　彼がこの犯罪を起こした動機は不明だ。

>> motive の最後の V 音と for の最初の F 音が一体化します。

3. We haven't heard from him recently.　　最近、彼から連絡がない。

>> hear from ～は「～から（電話、メール、手紙などで）連絡をもらう」。

4. When is a good time for you?　　あなたは、いつなら都合がいいですか。

>> when と is は N でリンキングします。a good time は「適した、都合のよいタイミング」。

5. There's no reason for you to be angry.　　あなたが怒る理由はありませんよ。

>> you が to be angry の意味上の主語です。

6. I love my wife from the bottom of my heart.　　私は妻を心から愛している。

>> from the bottom of my heart は決まった表現です。

7. I'm looking for something to read.　　何か読むものを探しています。

8. I could tell he was speaking from the heart.　　彼は本心から話しているのだと、私にはわかった。

>> could の d は、続く tell の t と一体化するので聞こえません。この tell は「わかる、判断する」の意味。

9. It's almost time for the movie to start.　　もうそろそろ映画が始まる時刻です。

>> almost の t は time の t と 1 つになります。It's almost time で、「イツォーモウ s ターイ m」という感じです。

10. They are so alike that I can't tell one from the other.　　彼らはとてもよく似ているので、私には見分けがつきません。

>> tell A from B で「A と B を区別する」。can't の t は tell の t と一体化するので聞こえません。can でなく can't だと判断するのは can の部分の母音「エァ」とその強さです。

第4章

🎀 Let's Practice

Step 1 〉文を見ながら再度音声を聞き、リンキングを確認しましょう。

Step 2 〉納得できたら、録音の音声をまねて、文を音読してみましょう。

Step 3 〉文字を見ずに音声だけを聞いて、リピートしましょう。

弱形ギャップ（and）

and はかなりの頻度で弱形になります。第1段階としては d が落ちて an' のような省エネ N 音語になります。さらに弱くなると母音も落ちて 'n' だけに。rock'n'roll（= rock and roll）の 'n' がその例です。

> **ギャップ埋め合わせトレーニング**

MP3
662-672

以下の文を聞き、空欄にどのような語が使われているか聞き取りましょう。

Example Can I have some salt and pepper?

1. We'll allow for some　　　　　.
2. Will you　　　　　us next week?
3. We have to　　　　　our key clients.
4. You can　　　　　any of these items.
5. We emailed　　　　　for weeks.
6. It's a matter of　　　　　for us.
7. New York is very　　　　　in summer.
8. 　　　　　are jumbled together here.
9. I think　　　　　will make a good team.
10. We're considering the　　　　　of the two options.

▶ ヒント ··

and の前の語	and の後の語
back / come / facts / hot / life / mix / pros よい点 / wear / wine / you	I / cons 悪い点 / death / dine / forth / humid / match / opinions / see / tear 裂け目

✅トレーニングの解答と訳

Example Can I have some salt and pepper?　　塩とコショウを少しもらえますか。

1. We'll allow for some wear and tear.　　使用による多少の傷は許容しますよ。
　≫「ウェアルン tear」です。ちなみに tear は「テア」なので注意。

2. Will you come and see us next week?　　来週、会いに来てくれる？

3. We have to wine and dine our key clients.　　大事なクライアントは、飲食でもてなさないと。
　≫wine and dine は wine を「ワインを飲ませる」という動詞に使った決り文句で「豪勢に飲み食いさせる」の意。

4. You can mix and match any of these items.　　これらの商品は、どれでも組み合わせ自由です。
　≫mix'n match とつづることもあります。

5. We emailed back and forth for weeks.　　私たちは、数週間メールのやりとりをした。
　≫back and forth は「行ったり来たり」という副詞的な表現。

6. It's a matter of life and death for us.　　それは我々にとっては死活問題です。

7. New York is very hot and humid in summer.　　ニューヨークの夏は高温多湿だ。
　≫この hot の t は呑み込む音（＝声門閉鎖）での発音が多い。

8. Facts and opinions are jumbled together here.　　ここでは事実と意見がごちゃまぜになっている。
　≫and が「'n」になるので opinions とリンクし「fac ツノ pinions」と聞こえます。

9. I think you and I will make a good team.　　あなたと私は、よいチームになると思います。
　≫ここでの make は「～になる」。

10. We're considering the pros and cons of the two options.　　我々は 2 つの選択肢の長所、短所を検討しているところだ。
　≫pros and cons は「長所と短所、賛否両論」。

🔊Let's Practice

Step 1 文を見ながら再度音声を聞き、リンキングを確認しましょう。
Step 2 納得できたら、録音の音声をまねて、文を音読してみましょう。
Step 3 文字を見ずに音声だけを聞いて、リピートしましょう。

第4章

弱形ギャップ（or）

等位接続詞の or も、特別な理由がない限り弱形なので、o とか a に聞こえるのが普通です。弱形の and との聞き分け方は、「**鼻にかかる 'n' があれば and で、なければ or**」です。

> ギャップ埋め合わせトレーニング

以下の文を聞き、空欄にどのような語が使われているか聞き取りましょう。

Example You have a choice of soup or salad.

1. Was his name _____?
2. I could teach you a _____.
3. Don't think it's got to be _____.
4. I was just left to _____ on my own.
5. Would you like _____?
6. Is the meeting on _____?
7. People either _____ the movie.
8. Tell me _____ you're interested.
9. That's my final offer. Take _____ it.
10. When the team lost the game, I didn't know whether to _____.

▶ ヒント

or の前の語	or の後の語
John / Tuesday / all / beef / it / laugh / love / sink / thing / whether	Josh / Wednesday / chicken / cry / hate / leave / not / nothing / swim / two

Example You have a choice of soup or salad.

スープかサラダをお選びいただけます。

>> 「スーパ salad」と聞こえます。super salad と聞き間違えるような音です。

---

1. Was his name John or Josh?

彼の名前はジョンだっけ、ジョシュだっけ。

>> 「ジョーノ Josh」と聞こえます。

---

2. I could teach you a thing or two.

ちょっとものごとを教えてやるよ。

>> 〈teach 人 a thing or two〉は「啓蒙してやる」という上から目線の決まり文句。

---

3. Don't think it's got to be all or nothing.

ゼロか百かしかないとは思わないでください。

>> 「オーロ nothing」と聞こえます。

---

4. I was just left to sink or swim on my own.

私は放っておかれて、自力でなんとかするしかありませんでした。

>> sink or swim は「溺れたくなければ泳ぐ」という比喩表現。

---

5. Would you like beef or chicken?

ビーフかチキン、どちらになさいますか。

>> 国際線でおなじみの疑問文です。

---

6. Is the meeting on Tuesday or Wednesday?

会議は火曜日ですか、水曜日ですか。

---

7. People either love or hate the movie.

この映画はすごく好きな人と、すごく嫌いな人に分かれる。

>> hate の t は the と一体化します。

---

8. Tell me whether or not you're interested.

興味があるのかないのか言ってください。

>> whether を使うと if よりもすこし改まって響きます。

---

9. That's my final offer. Take it or leave it.

それが私の最終提案だ。その条件で受け入れるかどうか決めてくれ。

>> 「テイキトーリーヴィ t」は決り文句。

---

10. When the team lost the game, I didn't know whether to laugh or cry.

チームが試合に負けたとき、私は笑ったらいいのか泣いたらいいのかわからなかった。

第4章

▶ Let's Practice

Step 1 〉 文を見ながら再度音声を聞き、リンキングを確認しましょう。

Step 2 〉 納得できたら、録音の音声をまねて、文を音読してみましょう。

Step 3 〉 文字を見ずに音声だけを聞いて、リピートしましょう。

アメリカ英語と
イギリス英語の発音の違い

　日本で私たちが耳にすることが多いのはアメリカ式の発音（米）ですが、イギリス式の発音（英）は以下のような違いがあります。

〈子音〉

母音後の R：rain など母音の前の R 音は米でも英でも発音します。しかし car, door, core など母音の後に r の文字がある場合、米では発音しますが、英では発音しません。つまり英では door は「ドー」、poor は「ポー」、core は「コー」となります。

T 音のたたき音化：water や better は米では「ワーラ」「ベラ」のように t が有声化して「たたき音」になりますが、英ではこの現象は起こらず、「ウォータ」「ベタ」と t をきちんと発音します。なおオーストラリア英語でも米と同じく有声化が起こります。

〈母音〉

エァ vs. アー：can't、bath、last などの a が米では「エァ」で英では「アー」です。つまり can't は米では「ケァン t」、英では「カーン t」です。

ア vs. オ：hot、cop、pot などの o が米では長めの「ア -」、英では「オ」です。つまりそれぞれ米では「ハ -t」「カ -p」「パ -t」英では「ホ t」「コ p」「ポ t」のようになります。

アー vs. オー：taught、caught などの au は米では「アー」、英では「オー」のようです。つまりそれぞれ米では「ター t」「カー t」に近く、英では「トー t」「コー t」に近いです。

〈特定の単語の発音〉

　いくつかの語については発音が違います。schedule米スケヂュオ、英シェヂュオ／ tomato米トゥメイロウ、英トゥマートウ／ vase米ヴェイ s、英ヴァー z ／ assume米アスー m、英アスュー m など。また、アクセントの位置が異なる場合があります。weekend米WEEK-end、英week-END ／ frustrate米FRUS-trate、英frus-TRATE など。

英語リズムを
味方につける

　第1章では**子音＋母音のリンキング**を切り分ける練習をしました。第2章では**子音＋子音のリンキング**に慣れました。第3章では**LとRに代表される日本語にはない音**が聞き分けられるようになりました。第4章では日本語ネイティブがついスペリングから想像してしまう発音イメージと実際の発音の**ギャップ**を埋めてきました。つまりここまでは、角度を変えながら、文の中の一部にフォーカスした練習をしてきたと言えます。

　この第5章では、1つのセンテンスの全体を見て、**強く発音される部分と弱く発音される部分のコントラスト**によって形成されるリズムを利用することで、センテンスの要点とディテールをうまく聞き取るトレーニングをしていきます。

▶日本語のリズムは淡々リズム

　すでに感じていることかもしれませんが、日本語のリズムと英語のリズムは大きく違います。日本語のリズムは「**モーラ拍リズム**」と呼ばれ、一つ一つの「モーラ」(＝ひらがなやカタカナで書いたときの一つ一つの文字に当たるもの)が、ほぼ同じ強さで一定の間隔で発音されます。まさに**マス目の大きさがそろっている原稿用紙**のイメージです。

　マス目の大きさ、つまり音の長さがそろっているからこそ、その数を淡々と数えることが可能になり、「5・7・5」や「5・7・5・7・7」などの音のカタマリが、耳に心地よく響きます。

> ろ・ー・ま・は・い・ち・に・ち・に・し・て・な・ら・ず

は 14 モーラだ、と数えます(音節だと「ろー」が 1 音節なので 13 音節だ、と数えます)。

▶英語のリズムは強弱リズム

　これに対して英語のリズムは強弱リズムです。文の中で強く発音される部分と弱く発音される部分があり、それが**おおむね交互に現れる**(強弱強弱…とか、弱強弱弱強弱…など)ことによってリズムが生まれます。ちなみに、強弱リズムというのは実は単純化した表現で、その「強さ」を作り出しているのは次の 3 つの要素です。

> **(1)** 音の高さ
> **(2)** 音の長さ
> **(3)** 母音の明瞭さ

　つまり正確に言うと、英語は「**高さ・長さ・明瞭さリズム**」なのですが、それでは長すぎるので「強弱リズム」と表現します。ただし、今後「強さ」という場合、その意味は「高さ＋長さ＋明瞭さ」と思ってください。

　例えば、「ローマは 1 日にしてならず」という意味の英語は、

> Rome was not built in a day.

ですが、音声の強弱のイメージを文字の大きさで表すなら、

Rome was not built in a day.

という感じです。そしてこの太字で書かれた単語がほぼ等間隔で発音される
ので、さらに、

のようなイメージの音になります。原稿用紙のマス目と無関係に伸び縮みす
ることが英語の大きな特徴です。

＞目立つ語、すなわち重要な語

　では、どのような語が強く言われて目立つのかというと、「**内容語**」と呼ば
れる語です。内容語とは名詞、動詞、形容詞、副詞など、辞書的な「内容」
をしっかり持っている語です。

内容語（基本的に強く発音）
(1) 名詞（cat, family, food）
(2) 人、モノの名前（Lucy, Ricky, Canada …）
(3) 動詞（like, find, communicate …）
(4) 形容詞（nice, fat, beautiful …）
(5) 副詞（always, loudly, not …）
(6) 疑問詞（what, who, when …）
(7) 数詞（one, two, hundred …）
(8) 指し示す語（this, that …）

　話し手としては、そうした「内容」を伝えるために話しているわけなので、
内容語の発音に自然と力が入るのは、ある意味当然ですね。そして、そうな
らば目立つ語、よく聞こえる語を中心に聞いていけば話のポイントがわかる
ことになります。

❯強弱リズムの強の語を聞く

　英語のリズムとは、話し手が聞き手に対して「ここが重要ですよ！　ここを聞いてください！　これが言いたいのです！」と教えてくれているものなので、これをうまく利用することが大切です。**よく聞こえてくる単語さえキャッチ**すれば、とりあえず大筋を外すことはありません。例えば、先ほどの文も、目立つように言われる内容語だけ聞こえたならば、

Rome . . . not built . . . day

となり、「ローマ」「作られていない」「日」ということで、「ローマが作られる、作られないという話だな」ということは理解できることになります。しかし過去のことなのか未来のことなのかは、文脈から推測するしかありません。また「日」がどう関わるのかもよくわかりません。

❯強弱リズムの弱の語まで聞く

　そこで今度はリズムの中で弱く言われる部分を聞いてみましょう。

Rome was **not built** in a **day**.

これで初めて「作られないだろう」ではなく「作られなかった」であるという時制情報と、「日」が「1日で」という意味で使われているのだ、ということがわかります。つまり**弱く言われる部分には意味の細部・ディテールが詰まっている**わけです。このような弱く言われる語が「**機能語**」と呼ばれることは、すでに p. 176 で説明しました。辞書的な内容というよりも、文法的な機能を担う語という意味で、具体的には前置詞、冠詞、助動詞、関係詞などがそれに当たります。

```
┌─────────────────────────────────────────┐
│        機能語 (基本的に弱く発音)         │
│ (1) 人を表す代名詞 (I, he, she, we, they) │
│ (2) 助動詞 (can, should, will, must)      │
│ (3) be 動詞 (is, am, are, was, were)      │
│ (4) 冠詞 (a, an, the)                     │
│ (5) 前置詞 (in, at, on, of, with)         │
│ (6) 関係代名詞 (who, which, that)         │
│ (7) to- 不定詞の to                       │
│ (8) 「that 節」の that                    │
└─────────────────────────────────────────┘
```

❯ 強い部分でポイントを、弱い部分でディテールを

リスニングをするうえで内容語と機能語のどちらが大切かと二者択一を迫られれば、もちろん内容語と答えることになります。「内容」を担っているのだから内容語だけ聞き取れればその文の大体の内容はつかめます。例えば、

```
┌──────────────────────────────────────────┐
│ great . . . . Racheal . . . . come . . . . party. │
└──────────────────────────────────────────┘
```

と内容語だけでも聞き取れれば、「レイチェルがパーティーに来ること」が話題になっていて、かつ何かが「すばらしい」のだとわかります。正確にどのようなことなのか、いつの話なのか、などは不明ですが、キーワードがわかっているので「トップダウン処理」(→ p. 106) によって、よく聞こえなかった空白の部分もある程度は推測できるのです。

一方、(実際にはそんなことは起こりませんが) 内容語は1つも聞こえず機能語だけが聞き取れても、ほぼ意味不明です。

```
┌──────────────────────────────────────────┐
│ It would be . . . . if . . . . could . . . . to . . . . │
└──────────────────────────────────────────┘
```

だけが聞き取れても、トピック内容はまったくつかめません。

ですから、まずよく耳に聞こえてくる単語だけでもキャッチできればある程度のことはわかるのだ、と前向きにリスニングをとらえましょう。**まずは内容語を、そのうえでできる限り機能語も聞き取ろう**、という姿勢がよいと思います。とても当たり前のアドバイスですが、正確にニュアンスまでつか

むには、実際、この方法しかありません。

❯肯定文か否定文かをリズムが決める！

最後に、メッセージの決定的な方向性を理解する鍵が、個々の音というよりも強弱のリズムにある、という場合を紹介しておきます。それは**肯定・否定の区別**です。

助動詞と not が結びついて否定を表す縮約形（can't や shouldn't など）になると、肯定形（can や should）との違いは文字の上では「't」だけになります。しかし「't」の後に閉鎖音、特に T 音や D 音で始まる動詞が続くと「't」の部分は事実上聞こえなくなります。そこで重要になるのがリズムです。

助動詞は機能語として通常は弱く発音されます。not は意味的に非常に重要な内容語でいつも強く発音されます。よって肯定文と縮約のない否定文のリズムは、

肯定文：You should **take** it.
　　　　　　　　ooOo
否定文①：You should **not take** it.
　　　　　　　　　ooOOo

となります（o と O はアクセントの強弱）。ところが、should と not が結びついた shouldn't は内容語である not をいわば体内に取り込んだ形なので、アクセントを担うようになり、以下のリズムを持ちます。

否定文②：You **shouldn't take** it.
　　　　　　　　oOoOo

肯定文と否定文②を比べてみてください。文字の上での違いは「n't」の有無だけですが、take が T 音で始まるため、n't の t は聞こえません。すなわち肯定文と否定文②を区別する音声上の一番の手がかりは、**should 部分が弱い（肯定文）か強い（否定文）かという、リズムの違いなのです！**

❯ビートを手がかりに内容をキャッチ！

次の文を音読してみてください。

(1) Rome was not built in a day.

(2) It would be great if Rachael could come to the party.

(3) Taro shouldn't believe it.

これらの文は、それぞれ次のように●の印が付けられた部分が強く発音され
ます。その際、●に当たる部分がおおよそ等間隔で発音される傾向がありま
す。

(1) Rome was not built in a day.
   ●   ● ●   ●

(2) It would be great if Rachael could come to the party.
      ●   ●   ●   ●

(3) Taro shouldn't believe it.
    ●   ●   ●

このようなとき、**(1)** の Rome、not、built、day、**(2)** の great、Rachael、
come、party、**(3)** の Taro、shouldn't、believe を、それぞれの文の「ビー
トを担う語」と表現することがあります。ビートを担うのは原則として内容
語です。したがって、耳に響いてくるビートを手がかりに、内容語をキャッ
チすることができます。

*   *   *

　以上述べたことからわかるように、英語の強弱リズムは話し手が聞き手に
一番伝えたい内容が何であるのかということに密接に関わって生み出されて
いるものです。よって、そのリズムを味方につけることができればリスニン
グでも非常に有利になります。このことを頭に入れたうえで、英語リズムを
自分の味方につけるためのトレーニングを始めましょう。

名詞フレーズ T 音

リンキングのために**聞こえない T 音**が含まれる**名詞的フレーズ**を含む文を集めました。これらの文全体の**内容語を中心に**聞く練習をしてみましょう。

MP3
684-694

▶ポイント聞き取りトレーニング

以下の文を聞き、空欄に入る語を聞き取りましょう。主に英語リズムのビートを担う語が入りますが、最後の文のみ機能語が入ります。

Example He can't even change a light bulb.

1. _____ _____ of _____ are you from?
2. _____ for the _____ of _____.
3. _____ _____ does it _____ ?
4. _____ _____ his _____ has _____ .
5. Are you _____ in _____ or by _____ ?
6. _____ a _____ _____ for the _____ .
7. Should I _____ or _____ on the _____ ?
8. _____ is he going to _____ a _____ ?
9. We _____ _____ to be _____ about _____ .
10. _____ balanced diet _____ essential _____ healthy growth.

●ヒント

T 音で終わる語	後にリンキングしている語
balanced / corrupt 腐敗した / credit / decent きちんとした / definite 確定的な / first / last-minute 土壇場での / what / worst	card / change / date / diet 食事 / difference / job / nightmare 悪夢 / part / politicians 政治家

✅ トレーニングの解答と訳 ··

Example He can't even change a light bulb.	彼は電球さえ替えられない。

>> can't の t は聞こえないことがあります。

---

1. What part of Japan are you from? 日本のどのあたりのご出身ですか。

>> part of は「パーラ」と聞こえることがあります。

---

2. Sorry for the last-minute change of plan. こんな土壇場になっての計画変更ですみません。

>> change of はリンキングと of の弱化で「チェインジャ」。

---

3. What difference does it make? それで何が変わるって言うんだ。

---

4. That means his worst nightmare has come true. つまり、彼の最悪の想定が現実になったということだ。

---

5. Are you paying in cash or by credit card? 支払いは現金ですか、クレジットカードですか。

---

6. Let's fix a definite date for the next meeting. 次の会議の日程を確定しよう。

>> next の t は聞こえないことが多い。

---

7. Should I dress up or dress down on the first date? 初デートには、着飾るのと着崩すのとどっちがいいのだろう。

---

8. When is he going to get a decent job? 彼は、いつになったらまともな仕事につくのか。

>> When is he はリンキングし、かつ he の h が落ちて「ウェニズィ」のように聞こえます。

---

9. We have every right to be angry about those corrupt politicians. ああいう腐敗した政治家に対しては、怒って当然だ。

>> have every right to ～は「～するあらゆる権利がある→～するのはまったく当然だ」。

---

10. A balanced diet is essential for healthy growth. バランスの取れた食事が、健康的な成長のためには欠かせない。

◀┄ Let's Practice

Step 1 〉 文を見ながら再度音声を聞き、発音とリズムを確認しましょう。

Step 2 〉 納得できたら、録音の音声をまねて、文を音読してみましょう。

Step 3 〉 文字を見ずに音声だけを聞いて、リピートしましょう。

第5章

名詞フレーズ D 音（語と語の間）

　D 音で終わるはずの語の D 音がリンキングのために聞こえない語を含む文ばかりを集めました。これらの文で**内容語を聞き取る**練習をしましょう。

> **ポイント聞き取りトレーニング**

　以下の文を聞き、空欄に入る語を聞き取りましょう。主に英語リズムのビートを担う語が入りますが、最後の文のみ機能語が入ります。

Example What are your choices of salad dressing?

1.　I 　　　　　 his 　　　　　.
2.　　　　　　 it from a 　　　　　.
3.　　　　　 of 　　 is 　　　　　 for us.
4.　　 can 　　 a 　　　　.
5.　　 a 　　 was his 　　　　.
6.　　 are the 　　　　　　 in your 　　　?
7.　Have I 　　 at a 　　　　　? Shall I 　　　　　　?
8.　　 an 　　　　　. I've 　　 it about a 　　　　.
9.　　　　　　 is a 　　　　　 of 　　　　.
10.　　　　　 third quarter 　　 this year, 　　 exports rose 　　 1 percent.

●ヒント

D 音で終わる語	後にリンキングしている語
bad / blood / broad / held / old / paid / rude / third / uncharted 地図に載っていない、未踏の	behavior 行動 / day / dream / jobs / joke / perspective 見地 / pressure / quarter / territory 領地 / time

Example What are your choices of salad dressing?

サラダドレッシングは何になさいますか。

---

1. I couldn't believe his rude behavior.

私には、彼の失礼な振る舞いが信じられなかった。

　≫ couldn't の t は聞こえません。

---

2. Let's consider it from a broad perspective.

広い視点からそれを考えてみよう。

---

3. This type of work is uncharted territory for us.

この手の仕事は、我々にとって未知の領域だ。

　≫ type of はリンキングして「タイパ」と聞こえることがあります。

---

4. Anyone can have a bad day.

誰だって、最低の日ってのはあるよ。

---

5. Becoming a lawyer was his long-held dream.

弁護士になるのが彼の長年の夢だった。

　≫ was his は「ワズィ s」のようです。

---

6. What are the 10 best-paid jobs in your country?

あなたの国で最も報酬のよい仕事のトップ 10 は何ですか。

---

7. Have I called at a bad time? Shall I call back later?

今電話したのはタイミングが悪かったかな？　後でかけ直そうか。

　≫ a bad time で「都合の悪いタイミング」。

---

8. That's an old joke. I've heard it about a thousand times.

それは昔からあるジョークだね。千回くらい聞いたことがあるよ。

　≫ a thousand times はもちろん誇張表現。

---

9. High blood pressure is a strong predictor of heart attacks.

高血圧は、心臓発作の強力な予測因子である。

　≫ heart と attacks はリンキングで「ハールテァ ks」のように聞こえます。

---

10. In the third quarter of this year, our exports rose by 1 percent.

今年の第 3 四半期で、我々の輸出額は 1 パーセント上昇した。

📢 Let's Practice

Step 1	文を見ながら再度音声を聞き、発音とリズムを確認しましょう。
Step 2	納得できたら、録音の音声をまねて、文を音読してみましょう。
Step 3	文字を見ずに音声だけを聞いて、リピートしましょう。

消える D 音（文末）

　以前の調査では、日本人のリスニングでの最も多いつまずきの一つが「語末の閉鎖音が破裂しないときに聞き取れない」ことでした。ここでは**聞こえない語末の D 音**が文の最後にくる文を集めました。

MP3 706-716

▶ポイント聞き取りトレーニング

　以下の文を聞き、空欄に入る語を聞き取りましょう。主に英語リズムのビートを担う語が入りますが、最後の文のみ機能語が入ります。

Example This is strictly off the record.

1. Your _____ been _____ .
2. It's _____ ; the _____ must _____ to _____ .
3. In _____ , the _____ are _____ and _____ .
4. _____ . The _____ was really _____ .
5. I _____ got _____ the _____ I _____ .
6. In _____ , a lot of _____ were _____ .
7. I _____ to _____ , but I _____ !
8. If you _____ in your _____ , you could be _____ .
9. You _____ on _____ of _____ ? Have you _____ your _____ ?
10. Animals _____ zoos tend _____ live longer _____ counterparts _____ wild.

▶ヒント

語末 D 音ギャップ語	それ以外の主な語
bad / bed / cold / instead / killed / mind / needed / paid / sued 訴えられる / wild	information / long / lost / really / weight

✔トレーニングの解答と訳

Example	This is strictly off the record.	これは絶対にオフレコです。

1. Your last bill hasn't been paid.

直近の請求書のお支払いが、まだされていません。

>> last の t は脱落することが多い。

2. It's late; the kids must go to bed.

もう遅いね。子どもたちは寝ないと。

>> must は弱形で、t は聞こえないことがあります。

3. In winter, the nights are long and cold.

冬は、夜が長くて寒いです。

>> and は弱形です。

4. Sorry. The traffic was really bad.

すみません。渋滞がひどくて。

5. I finally got all the information I needed.

私はようやく必要な情報をすべて手に入れた。

>> information は N 音で I にリンクします。

6. In that war, a lot of people were killed.

あの戦争では多くの人が殺された。

>> lot of は、「ラーラ」のように聞こえます。

7. I tried to lose weight, but I ended up gaining weight instead!

体重を減らそうとしたけど、結局、逆に体重が増えちゃったよ。

>> end up ～ ing は「～する羽目になる」ended up は「エンデダッ p」のようです。

8. If you use that expression in your tweet, you could be sued.

ツイッターであんな表現を使ったら、訴えられるかもよ。

9. You spent 50,000 yen on that pair of shoes? Have you lost your mind?

あの靴に 50,000 円支払ったって？　気は確かかい。

10. Animals in zoos tend to live longer than their counterparts in the wild.

動物園にいる動物は. 野生にいる同種の仲間よりも長生きする傾向がある。

>> tend の d は聞こえません。

◀ Let's Practice

Step 1 〉文を見ながら再度音声を聞き、発音とリズムを確認しましょう。

Step 2 〉納得できたら、録音の音声をまねて、文を音読してみましょう。

Step 3 〉文字を見ずに音声だけを聞いて、リピートしましょう。

Lesson 67

消える D 音を含む語（語中）

　語の途中の D 音が「鼻腔開放」または「声門閉鎖」という発音方法のために「**呑み込まれる**」音になるケースを含む文を集めました。そのような語に慣れながら、**内容語を中心**に聞く練習をしましょう。

> **▶ポイント聞き取りトレーニング**　　　　　　　　　　　　　　MP3 717-727
>
> 　以下の文を聞き、空欄に入る語を聞き取りましょう。主に英語リズムのビートを担う語が入りますが、最後の文のみ機能語が入ります。
>
> **Example** Steak and kidney pie is my favorite British food.
>
> 1. _____ you just _____ ?
> 2. _____ is _____ in _____ .
> 3. My _____ _____ me.
> 4. My _____ himself a _____ .
> 5. Our _____ in _____ , _____ and _____ .
> 6. _____ are _____ to _____ under their _____ .
> 7. A _____ is a _____ on _____ .
> 8. "A _____ " is a _____ from _____ .
> 9. _____ are _____ in _____ .
> 10. _____ gap _____ rich _____ poor _____ widening.

●ヒント ....

D 音呑み込みギャップ語	それ以外の主な語
Aladdin アラジン / Sydney / admit / burden 重荷 / gardening / hardcore ハードコアの、本格的な / kidnap 誘拐する / maiden 未婚時代の / sadden 悲しませる / widening	defeat 敗北 / gamer

✔トレーニングの解答と訳 ·····················

Example Steak and kidney pie is my favorite British food.	ステーキとキドニーのパイが、私の一番好きなイギリス料理です。

1. Why don't you just admit defeat?

　　もう負けを認めちゃったら？

　》admit の T は聞こえません。Why don't you ...? は「〜したら？」の意。

2. Careful planning is important in gardening.

　　庭造りでは、注意深く計画を立てることが重要です。

　》important の語中の t、gardening の d は飲み込む音です。

3. My little cat's death saddened me.

　　私の子ネコが死んで悲しかった。

4. My brother considers himself a hardcore gamer.

　　私の弟は、自分のことを本格的なゲーマーだと思っています。

5. Our company has offices in Paris, New York and Sydney.

　　うちの会社は、パリとニューヨークとシドニーにオフィスがあります。

6. More women are choosing to work under their maiden names.

　　旧姓で働き続けることを選択する女性が増えている。

　》women と are は N でリンキングします。

7. A 10 percent sales tax is a heavy burden on small firms.

　　10 パーセントの消費税は、小さな会社には重い負担である。

　》burden の d は飲み込む音です。

8. "A Whole New World" is a song from Disney's film *Aladdin*.

　　「ホール・ニュー・ワールド」はディズニー映画『アラジン』の中の歌だ。

9. Approximately 10 foreigners are kidnapped every month in this country.

　　この国では毎月およそ 10 人の外国人が誘拐されている。

　》kidnap の d は飲み込む音です。

10. The gap between the rich and the poor is widening.

　　貧しい人とお金持ちの人の格差が広がりつつある。

　》gap の p は聞こえません。

Let's Practice

Step 1 〉 文を見ながら再度音声を聞き、発音とリズムを確認しましょう。

Step 2 〉 納得できたら、録音の音声をまねて、文を音読してみましょう。

Step 3 〉 文字を見ずに音声だけを聞いて、リピートしましょう。

第5章

Ｔ音のたたき音化を含む語

　Ｔ音の後にＬ音が来てＴ音が「たたき音」に変化するケースを集めました。Ｔ音の「たたき音」化は北米（アメリカ、カナダ）系発音に多いものです。自分の発音にも取り入れるかどうかは個人のお好みで結構です。

MP3
728-738

▶ポイント聞き取りトレーニング

　以下の文を聞き、空欄に入る語を聞き取りましょう。主に英語リズムのビートを担う語が入りますが、最後の文のみ機能語が入ります。

Example These sea turtles are endangered species.

1. You should ＿＿＿＿＿ .
2. He ＿＿ he's ＿＿＿ to ＿＿＿ .
3. I ＿＿＿＿ the ＿＿ , but I ＿＿ the ＿＿ .
4. I ＿＿＿＿＿＿＿＿＿＿ , ＿ a ＿＿＿ .
5. Could you ＿＿＿＿ the ＿＿＿ , ＿＿ ?
6. The ＿＿＿ is ＿＿＿ a ＿＿＿＿＿ .
7. The ＿＿ was ＿＿ into ＿＿＿ ＿＿＿ .
8. There is ＿＿＿ about ＿＿＿ ＿＿ .
9. ＿＿＿ is ＿＿ a ＿＿＿ .
10. ＿＿ differences ＿＿＿＿ workaholic ＿＿＿ high performer ＿＿ subtle.

◉ヒント

D音化するＴ音ギャップ語	それ以外の主な語
battle / belittle 軽視する / bottle / fatal 命取りになる / fertile 肥沃な / kettle / little / settle / subtle 微妙な / title	disease / doubt / down / electric / farmland 農地 / legal / whole

✅ トレーニングの解答と訳 ··········

Example These sea turtles **are** endangered species.

このウミガメは絶滅危惧種です。

1. **You should** not belittle household chores.
   ≫ not の t は聞こえません。

家事を軽視してはいけない。

2. **He says he's** not ready to settle down yet.
   ≫ settle down は「(定住・結婚・就職して)落ち着く」。

彼はまだ身を落ち着けるつもりはないと言っている。

3. **I don't know the title, but I recognize the** tune.

曲名はわからないけれど、その曲は聞いたことがある。

4. **I only want one glass, not a whole bottle.**
   ≫ want の t は聞こえません。

グラスで欲しいだけです。ボトルじゃなくて。

5. **Could you** plug in **the** electric kettle, please?
   ≫ plug in で「(電源などに)つなぐ」。

電気ポットのコンセントをつないでもらえますか。

6. **The** company **is** now facing **a** long legal battle.
   ≫ legal の gal が「ゴウ」に聞こえることに注意。

その会社は現在、長期にわたる法廷闘争に直面している。

7. **The** desert **was** changed **into** fertile farmland.

その砂漠は、肥沃な農地に変えられた。

8. **There is** little doubt **about** what happened.
   ≫ what の t は聞こえないことが多いです。

何が起こったのかについては、ほとんど疑いの余地はない。

9. Today AIDS **is** no longer **a** fatal disease.

今日ではエイズは、もはや致死性の疾病ではない。

10. **The** differences between **a** workaholic and **a** high performer **are** subtle.
    ≫ subtle の b は黙字です。

仕事中毒とやり手との境界線は微妙だ。

第5章

◀ Let's Practice

Step 1 〉 文を見ながら再度音声を聞き、発音とリズムを確認しましょう。

Step 2 〉 納得できたら、録音の音声をまねて、文を音読してみましょう。

Step 3 〉 文字を見ずに音声だけを聞いて、リピートしましょう。

that 節の前の T 音・D 音

that 節の前に来る語の末尾の T 音または D 音が聞こえなくなることがよくあります。そのようなケースの例文を集めました。

MP3
739-749

> **ポイント聞き取りトレーニング**

以下の文を聞き、空欄に入る語を聞き取りましょう。主に英語リズムのビートを担う語が入りますが、最後の文のみ機能語が入ります。

Example She's confident that she can do it.

1. I'm _____ that _____ it.
2. He _____ that he had never seen the woman.
3. I was _____ that there would _____ .
4. I _____ that in _____ are _____ in several _____ .
5. It's _____ that _____ people were _____ in the _____ .
6. There is a _____ that the _____ .
7. It's _____ that I _____ him. It's _____ that I can't feel relaxed around him.
8. The _____ that _____ in _____ in _____ live in _____ is _____ .
9. _____ that _____ will be _____ in the _____ .
10. _____ estimated _____ earth's temperature _____ rise _____ two _____ five degrees.

● ヒント ···

T 音・D 音で終わる語	それ以外の主な語
convinced 確信して / estimated 見積もられて / fact / heard / insisted / not / just / predict 予測する / report / reported / told	five / he / in / one / she / super / the / there / Tom

| Example She's confident that she can do it. | 彼女は、自分にはそれができると自信を持っている。 |

---

1. I'm convinced that Tom did it. — 私は、トムがそれをしたのだと確信している。

---

2. He insisted that he had never seen the woman. — 彼はその女性を見たことがないと主張した。

---

3. I was told that there would free cold beverages. — 無料の冷たい飲み物があると言われました。

---

4. I heard that in Japan tattoos are forbidden in several places. — 日本では、タトゥーがいくつかの場所で禁止されていると聞きました。

---

5. It's reported that five people were injured in the fire. — その火事で5人の人が負傷したと報告されている。

---

6. There is a report that the FBI found additional information. — FBIがさらに新しい情報をつかんだという報告がある。

---

7. It's not that I don't like him. It's just that I can't feel relaxed around him. — 彼のことが嫌いなわけではありません。ただ、彼の前だとリラックスできないのです。

---

8. The fact that one in seven children in Japan live in poverty is unnerving. — 日本の子どもの7人に1人が貧困だという事実に冷静ではいられない。

---

9. Experts predict that super typhoons will be more frequent in the coming years. — 専門家は今後、スーパー台風がよりひんばんに発声するだろうと予測している。

---

10. It's estimated that the earth's temperature will rise between two and five degrees. — 地球の気温は2度から5度の範囲で上昇するだろうと見積もられている。

🎀 Let's Practice

Step 1 〉 文を見ながら再度音声を聞き、発音とリズムを確認しましょう。

Step 2 〉 納得できたら、録音の音声をまねて、文を音読してみましょう。

Step 3 〉 文字を見ずに音声だけを聞いて、リピートしましょう。

第5章

弱形の to を含む文

文の中で to は通常アクセントを担わないので弱形で発音され、o の部分の母音があいまいになります。また状況によっては t が「たたき音」になります。結果として to が短く「タ」や「ラ」のように聞こえます。ここでは機能語を中心に細部を聞き取ってみましょう。

▶ディテール聞き取りトレーニング

MP3
750-760

以下の文を聞き、空欄に入る語を聞き取りましょう。ここでは、主にビートのない機能語を聞き取ります。

Example She didn't know which way to go.

1.   don't know who   turn   .
2.   live   Seattle.
3. Don't tell   what   do.
4.   long story.   don't know where   start.
5. He hasn't decided whether   buy   not.
6.   starts,   doesn't know when   stop.
7.   allow   certain amount   error.
8.   didn't know how   put   hurting   too much.
9.   still have   long way   go   achieve gender equality.
10.   soon got used   atmosphere.

▶ヒント

弱形ギャップ語	それ以外の主な語
to	allow / long / start / stop / turn / used / what / whether

✔ トレーニングの解答と訳

Example She didn't know which way to go.　　彼女はどちらの道に行ったらいいのか、わからなかった。

---

1. I don't know who to turn to.　　私は誰に頼ったらいいのだろうか。
   »最初の to は完全な弱形で、2 つめの to は文末なので、ある程度強く発音されます。

---

2. I used to live in Seattle.　　私は以前、シアトルに住んでいました。

---

3. Don't tell me what to do.　　ああしろこうしろと言わないでくれ。

---

4. It's a long story. I don't know where to start.　　話せば長いのです。何から話せばいいのかわかりません。

---

5. He hasn't decided whether to buy it or not.　　彼はまだ、それを買うかどうか決めてない。
   »it or not はリンキングすると「イローナーッ」のように聞こえます

---

6. When he starts, he doesn't know when to stop.　　いったん始めると、彼は止まらない。

---

7. You have to allow for a certain amount of error.　　ある程度の誤差は認めてもらわねばなりません。
   »certain の t はよく聞こえません。

---

8. She didn't know how to put it without hurting him too much.　　彼女は彼をあまり傷つけずに、それをどう話したらいいのかわからなかった。
   »この put は「言う、表現する」。

---

9. We still have a long way to go before we achieve gender equality.　　男女間の平等を勝ち取るまでの道のりは、まだまだ遠いです。
   »have a long way to go before ～は「～までにはまだまだだ」という意味のイディオム。

---

10. I soon got used to the atmosphere.　　私は、すぐにその雰囲気に慣れました。
    »got の t は聞こえません。

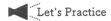Let's Practice

Step 1 〉 文を見ながら再度音声を聞き、発音とリズムを確認しましょう。

Step 2 〉 納得できたら、録音の音声をまねて、文を音読してみましょう。

Step 3 〉 文字を見ずに音声だけを聞いて、リピートしましょう。

第5章

弱形の that を含む文

接続詞や関係代名詞の that は「機能語」であり、文の中でアクセントは置かれず、**弱形で発音**されます。that の a の部分はあいまい母音になり、末尾の t は聞こえないこともあります。こうなると**ほとんど the と同じ**です。ここでは**機能語を中心**に聞き取りましょう。

▶ディテール聞き取りトレーニング

MP3
761-771

以下の文を聞き、空欄に入る語を聞き取りましょう。ここでは、主にビートのない機能語を聞き取ります。

Example The leg space was so small that I couldn't sit comfortably.

1. Someday,　　realize　　　　right.
2. What's　　best thing　　　　　　ever happened　　you?
3. 　　media predicts　　　　　　　　　　　reelected.
4. 　　me,　　clear　　　　lying.
5. 　　　　phenomenon　　　　observed　　years.
6. 　　sister works　　　　company　　sells furniture.
7. 　　　　　known　　　　single again,
   contacted　.
8. 　　told　　　　probably wouldn't make　　　　time.
9. 　　　myth　　eating too much chocolate causes acne?
10. 　　news　　　　two companies　　　merged
    astonished　nation.

▶ヒント ···

弱形ギャップ語	それ以外の主な語
that	astonish 驚愕させる / myth 神話 / merged 合併される / phenomenon 現象 / predicts 予測する / realize

✅ トレーニングの解答と訳 ......

| **Example** The leg space was so small that I couldn't sit comfortably. | 足元の空間があまり狭くて、楽に座れなかった。 |

1. Someday, he'll realize that I was right.

   ≫ that I は「ダライ」のようです。

   いつの日か、彼は私が正しかったことがわかるだろう。

2. What's the best thing that has ever happened to you?

   ≫ happened の d は聞こえません。

   今まで、あなたに起きた最高の出来事は何ですか。

3. The media predicts that he will be reelected.

   マスメディアは、彼が再選されるだろうと予測している。

4. For me, it's clear that he is lying.

   ≫ that と he がリンクして「ダリー」のように聞こえます。

   私にしてみたら、彼がうそをついていることは明らかだ。

5. It's a phenomenon that has been observed for years.

   ≫ been と observed は N でリンキング。

   それは、何年にもわたって観測されてきた現象です。

6. My sister works for a company that sells furniture.

   私の姉は、家具を販売する会社で働いています。

7. If I'd known that she was single again, I would have contacted her.

   また彼女が独り身になったと知っていたら、連絡をしたんだがなぁ。

8. They told me that they probably wouldn't make it in time.

   ≫ make it は「成功する、間に合う」。

   彼らは、おそらく時間内には来られないだろうと私に告げた。

9. Is it a myth that eating too much chocolate causes acne?

   チョコレートを食べ過ぎるとニキビができるというのは俗説ですか。

10. The news that the two companies will be merged astonished the nation.

    その2つの企業が合併するというニュースは、国中を驚かせた。

第5章

 Let's Practice

Step 1	文を見ながら再度音声を聞き、発音とリズムを確認しましょう。
Step 2	納得できたら、録音の音声をまねて、文を音読してみましょう。
Step 3	文字を見ずに音声だけを聞いて、リピートしましょう。

NOT の有無を聞き分ける

　短縮形の「-n't」の t が聞こえない場合、そこに not があるのかどうか聞き分けるのは、n の響きの有無であり、助動詞部分の**アクセントの有無**です。ここでは同じ助動詞の**肯定形と否定形の聞き分け**に慣れましょう。

> MP3
> 772-782

▶リズムで聞き分けトレーニング

　以下の文を聞き、肯定文か否定文かを聞き分けましょう。助動詞にストレスがあれば否定文です。「n't」の n の部分もわずかに鼻に響く音がします。

Example □肯定・☑否定　You couldn't be more right.

1. □肯定・□否定
2. □肯定・□否定
3. □肯定・□否定
4. □肯定・□否定
5. □肯定・□否定
6. □肯定・□否定
7. □肯定・□否定
8. □肯定・□否定
9. □肯定・□否定
10. □肯定・□否定

▶ヒント ....

使われている助動詞	後にリンキングしている語
can / could / had / must / should / would	be / imagine 想像する / met / tell

✓ トレーニングの解答と訳 ···

Example You couldn't be more right.　　　まさにあなたの言うとおりだ。

>> 「今以上にさらに正しくはなれない、なぜならすでに 100 パーセント正しいからだ」という仮定法の表現。

---

1. You must be afraid of taking risks.　　あなたはリスクを冒すのを恐れているに違いない。（文脈によっては、「恐れねばならない」という意味にもなりうる。）

---

2. You mustn't be afraid of taking risks.　　リスクを冒すのを恐れてはならない。

---

3. I wouldn't be surprised if she married that man.　　彼女があの男と結婚するというのは、大いにありえるね。

---

4. I would be surprised if she married that man.　　彼女があの男と結婚するわけないよ。したらびっくりだよ。

---

5. If you really feel that way, you should tell him.　　本当にそんなふうに思っているのなら、彼に言うべきだ。

---

6. If you really feel that way, you shouldn't tell him.　　あまたが本当にそう感じているなら、彼に言うべきじゃない。

---

7. I can't imagine how busy you are.　　あなたがどれほど忙しいか、想像もできません。

---

8. I can imagine how busy you are.　　あなたがどれほど忙しいかは、想像がつきます。

---

9. If I had met you first, do you think we could have been together?　　もし僕の方が君に最初に出会っていたら、僕たち一緒になれていたたと思う？

>> 仮定法過去完了の表現。過去の事実に反する仮想。

---

10. If I hadn't met you, my life would be totally different now.　　もしあなたに会ってなかったら、私の人生は今頃まったく違っていたでしょう。

>> would の d は聞こえません。

◀ Let's Practice

Step 1〉 文を見ながら再度音声を聞き、発音とリズムを確認しましょう。

Step 2〉 納得できたら、録音の音声をまねて、文を音読してみましょう。

Step 3〉 文字を見ずに音声だけを聞いて、リピートしましょう。

第5章

省エネ N 音語（n't）

〈助動詞 +not〉の短縮形「-n't」の T 音がほとんど聞こえず、n が**直接次の母音にリンキング**してもとまどわないようになりましょう。**内容語を中心**に聞き取ってください。

MP3
783-793

>ポイント聞き取りトレーニング

　以下の文を聞き、空欄に入る語を聞き取りましょう。主に英語リズムのビートを担う語が入りますが、最後の文のみ機能語が入ります。

Example I got in a car accident, but I wasn't injured.

1. They　　　　　　　　　　.
2. You　　have　　　　　.
3. She　　　　　a　　.
4. 　　　　me　. 　　would I　　?
5. I　　　　　a　　　　.
6. 　　　　　　　　　　　　　.
7. You　　have to　　you're　.
8. 　　it be　　if we could　　　in　?
9. I　　　　his　.
10. Isn't　time　started acting　age?

●ヒント

脱落する T 音ギャップ語	ギャップ語の後の語
didn't / doesn't / don't / isn't / shouldn't / wasn't / wouldn't	always / ask / even / have / injured

✅トレーニングの解答と訳 ··

| Example | I got in a car accident, but I wasn't injured. | 交通事故に遭いましたが、私はけがをしませんでした。 |

  » got in a はリンキングの結果「ガリナ」のように聞こえます。

1. They don't accept foreign currency.　　あのお店では、外国通貨での支払いはできません。

2. You shouldn't have come here.　　君はここに来るべきではなかったね。
  »助動詞の have の h はよく脱落します。

3. She didn't even shed a tear.　　彼女は涙を流すことさえなかった。
  » shed と a はリンキングして「シェダ」。

4. Don't ask me why. How would I know?　　なぜかって私に聞かないでよ。私が知るわけないでしょ。
  » How would I know? は反語です。

5. I wasn't expecting a visitor that morning.　　その日の午前中に誰か訪ねてくる予定はなかった。

6. Money doesn't always bring happiness.　　お金は必ずしも幸福をもたらしません。

7. You don't have to say you're sorry.　　あなたが謝る必要はありません。

8. Wouldn't it be nice if we could go back in time?　　昔にもう一度戻れたらいいと思わない？
  » it の t は聞こえません。

9. I don't even know his name.　　私は彼の名前さえ知らない。
  » don't even は「ドニーヴン」と聞こえます。

10. Isn't it time you started acting your age?　　君は、そろそろ年齢に見合ったふるまいをしたらどうかな。
  » started が過去形なのは反実仮想の仮定法だから。非難を込めた発言です。

◀️ Let's Practice

Step 1 〉 文を見ながら再度音声を聞き、発音とリズムを確認しましょう。

Step 2 〉 納得できたら、録音の音声をまねて、文を音読してみましょう。

Step 3 〉 文字を見ずに音声だけを聞いて、リピートしましょう。

NOT の聞こえない T

not またはその短縮形の「-n't」の T 音が聞こえなくなりやすいケースを集めました。後に続くのが閉鎖音、鼻音、TH 音、などの場合に起こります。T 音自体は聞こえなくとも、not の存在を感じることが重要です。

MP3 794-804

▶ポイント聞き取りトレーニング

以下の文を聞き、空欄に入る語を聞き取りましょう。主に英語リズムのビートを担う語が入りますが、最後の文のみ機能語が入ります。

Example I wouldn't mind a drink.

1. I　　　　　to　　　myself.
2. My result　　bad for a　　　　　.
3. 　　are you　　　for　　? —　　　　　.
4. You should　　　　　to　　　　　from the　　　.
5. He's　　　　my　　, but I'm　　to him.
6. It's　　　　to　　　　on an　　　　.
7. You　　　　to　　　that the　　　　.
8. You　　　　　　　　because
   of　　.
9. 　　,　　　　you got　　? — I　　　　it　　　.
10. 　　not that simple.　　more　　　　meets　　eye.

▶ヒント

助動詞と not の短縮形	後にリンキングしている語
can't / shouldn't / wasn't / wouldn't	bad / continue / get / good / mind / much / put / really / that / try / trying

✔トレーニングの解答と訳 ··

Example I wouldn't mind a drink.
　　　 » I want a drink. の丁寧な表現。

ちょっと 1 杯いただきたいな。

---

1. I wasn't trying to prove myself.

　 » prove oneself で「自分の能力を示す」。

自分の能力を示そうとしていたわけじゃありません。

---

2. My result wasn't bad for a first-timer.

　 » a first-timer は「初めてやる人」。

僕の結果は、初めてにしては悪くはなかった。

---

3. What are you doing for Christmas? — Not much.

クリスマスはどうするの？— いや大したことは何も。

---

4. You should not try to speak fluently from the beginning.

最初から流ちょうに話そうとすべきではない。

---

5. He's not really my type, but I'm attracted to him.

本当は彼、私のタイプじゃないんだけど、私、彼に引かれているの。

---

6. It's not good to drink alcohol on an empty stomach.

就寝直前にものを食べるのはよくない。

---

7. You can't continue to pretend that the problem doesn't exist.

その問題が存在しないふりをし続けることはできない。

---

8. You shouldn't get angry just because some people speak ill of you.

誰かがあなたのことを悪く言っただけで腹を立てるべきじゃない。

---

9. So, that's why you got fired? — I wouldn't put it that way.
　 » put は「表現する」。

それがクビになった理由なの？ — 僕は「クビ」という表現はしないけど。

---

10. It's not that simple. There's more to it than meets the eye.

　 » There's more to it than meets the eye. は決まり文句。

それはそんなに単純な話じゃない。表面には見えていないことがあるんだ。

◀ Let's Practice

Step 1 〉文を見ながら再度音声を聞き、発音とリズムを確認しましょう。

Step 2 〉納得できたら、録音の音声をまねて、文を音読してみましょう。

Step 3 〉文字を見ずに音声だけを聞いて、リピートしましょう。

イントネーションで変わる意味

　日本語が「は」と「が」によって区別するニュアンスや意味を、英語ではイントネーションで伝える場合があります。（以下では、強く発音される部分のみ大文字にし、それ以外は文頭やIなど通常は大文字で表記される箇所も小文字を用います）。特段のニュアンスのない「私は鈴木です」は、i'm SUZUKI. と「鈴木」を強く言いますが、別の人が鈴木さんだと人違いされた状況であれば、「私が鈴木です」「鈴木は私の方です」というニュアンスを込めて、I'm suzuki. とIを強めます。

　フォーカス語、つまり聞き手の注意を引きたい語を強めることによって、見かけは同一の文であっても、**さまざまなニュアンスが表せます**。

　例えば、My sister is married.（私の妹［姉］は結婚しています）という文は、聞き手にとってこの文全体が新たな情報である場合には、次のように married にフォーカスを置いて発音されます。

● my sister is **MARried**.（私の妹は結婚しています）［ニュアンスなし］

　それ以外の3つの語が強められていたならば、それぞれ次のような3通りのニュアンスを聞き取る必要があります。

● **MY** sister is married.（ほかの人の妹は独身だが、私の妹は結婚している）というニュアンス。
● my **SISter** is married.（私は独身だが、妹は結婚している）あるいは（ほかのきょうだいは独身だが、妹は結婚している）というニュアンス。
● my sister **IS** married.（私の妹は独身だと誤解されているようだが、実際には結婚している）というニュアンス。

　このように話し手が文のどの部分に聞き手の注意を引きつけようとしているのか意識することで、ニュアンスを正確に捉えることができるのです。

総仕上げ
トレーニング

　第5章までで、日本語ネイティブが英語リスニングを克服するために必要な音声変化上のポイントはほぼすべて網羅しました。これであなたは少なくとも英語リスニングに立ち向かうための「知識」は十分に蓄えたと言えます。

　しかし1つ盲点があります。それはこれまでのレッスンでは、その時その時で、焦点となる音声変化のタイプを明記して、そのタイプだけを集中して練習してきたことです。当たり前のことですが、実際のリスニングでは1つの文の中には複数のタイプの音声現象が起こります。また、話し手が注意すべき音声現象の種類をあらかじめ宣言してくれるわけでもありません。

　そこで、この第6章では、これまでの総まとめとして、特定の音声変化でまとめたものではない、自然な対話文を使ったリスニング練習を行います。題材としてはみなさんが遭遇しやすい以下のシチュエーションを用います。さあ総仕上げにチャレンジしてみましょう！

空港で／バス・タクシーに乗る／ホテルに泊まる
道を尋ねる／出会い／うわさ話をする／モノを買う
レストランで／教室で／銀行で／会社で／デートに誘う
商談で／好き嫌いについて話す／別れる

空港で（At the Airport）

空港で乗客と係員が話しています。それぞれの会話を聞いて以下の点を聞き取りましょう。

MP3
805

■ **Dialogue 1：チェックインカウンターで**

・何を質問されているのか。

・荷物はいくつあるのか。

■ **Dialogue 2：フライトスケジュール**

・便名は何か。

・この便に何が起こっているのか。

■ **Dialogue 3：税関で**

・申告するものがあるのか。

■ **Dialogue 4：トラブル発生**

・何が起こったのか。

・係員はどうするように言っているのか。

■ **Dialogue 5：入国審査で**

・どこに、どのくらい、何のために滞在するのか。

■ Dialogue 1

Officer: Do you have any bags to check?
お預けになる荷物はありますか。

Passenger: Yes, I have one suitcase, and this is my carry-on bag.
はいスーツケースが1つです。これは機内持ち込み用バッグです。

■ Dialogue 2

Passenger: What happened to flight 701 from New York?
ニューヨークからの701便はどうしたのですか。

Officer: We're sorry, but it's been delayed due to bad weather conditions.
申し訳ありません。悪天候のため遅れております。

■ Dialogue 3

Officer: Do you have anything to declare?
何か申告するものはありますか

Passenger: I don't think so. All these are my personal belongings.
いいえ、ありません。これはみんな自分の持ち物です。

■ Dialogue 4

Passenger: Excuse me, my bags are missing. What should I do?
バッグが見つからないのです。どうしたらいいですか。

Officer: Go to the baggage office of the airline you flew in on.
自分が乗ってきた航空会社の手荷物取扱所に行ってください。

■ Dialogue 5

Officer: What's the purpose of your visit, business or pleasure?
滞在目的は何ですか。仕事、それとも遊びですか。

Passenger: I'm going to study at a university in London for a year.
ロンドンの大学で1年間勉強することになっています。

バス・タクシーに乗る（Buses and Taxis）

 列車、バス、タクシーなどに関係する対話です。それぞれ、以下の点を聞き取りましょう。

MP3
806

■ **Dialogue 1：列車の駅で**

・どのような列車について尋ねているのか。
・その列車は何時に何番線から出るのか。

■ **Dialogue 2：タクシー乗り場で**

・どこに行きたいのか。
・そこまでの所要時間はどのくらいか。

■ **Dialogue 3：バスで**

・どこに行きたいのか。
・降りるべき場所はどこか。

■ **Dialogue 4：タクシーで**

・乗客はどのような理由で、何を頼んでいるのか。

■ **Dialogue 5：タクシーで**

・乗客はどのような理由で、何を頼んでいるか。
・あと何分で着くのか。

■ Dialogue 1

Passenger: From which track does the next express train for Nagoya leave?

名古屋行きの次の急行は何番線から出ますか。

Attendant: It leaves at 11:26 from track number 18.

18 番線から 11 時 26 分発です。

■ Dialogue 2

Passenger: Could you take me to the address shown on this card, please?

このカードに書いてある住所に行ってもらえますか。

Driver: Let me see. OK, it's only a 15-minute drive from here.

え〜と、ああ、ここからほんの 15 分ほどですね。

■ Dialogue 3

Passenger: Where should I get off to go to the Metropolitan Museum?

メトロポリタン博物館に行くには、どこで降りるべきですか。

Driver: You should get off at Fifth Avenue and East 84th Street.

5 番街の東 84 丁目で降りてください。

■ Dialogue 4

Passenger: I have a large suitcase. Can I put it in the trunk?

大きいスーツケースがあるのでトランクに入れていいですか。

Driver: Sure. Let me help you.

もちろんです。手伝いましょう。

■ Dialogue 5

Passenger: Could you go faster, please? My flight leaves in half an hour.

少し急いでもらえますか。私の便の出発まで 30 分なので。

Driver: Don't worry. We can get there in about 10 minutes.

大丈夫ですよ。およそ 10 分で着きますから。

ホテルに泊まる（Hotels）

ホテルでの宿泊客とスタッフの会話です。それぞれの
ポイントを聞き取りましょう。

MP3
807

■ Dialogue 1：尋ねる

・何について尋ねているのか。

・宿泊客の要望はかなえてもらえそうか。

■ Dialogue 2：チェックインする

・宿泊客は何を提示する必要があるのか。

■ Dialogue 3：ルームサービスを頼む

・宿泊客は何を注文しているのか。

・それはどれくらいで届くのか。

■ Dialogue 4：要望する

・宿泊客は何を要望しているのか。

・その要望はかなえられそうか。

■ Dialogue 5：要望する

・宿泊客は何を要望しているのか。

・その理由は何なのか。

▶ヒント ···

available 利用できる／ extend 延ばす／ reservation 予約／ traffic 交通

■ Dialogue 1

Guest: Do you have a room available for me tonight?

今夜、私の泊まれる部屋はあるでしょうか。

Staff: Just one moment, please. We only have a twin room. Is that OK?

少々お待ちください。ツインならございますが、よろしいでしょうか。

■ Dialogue 2

Guest: I have a reservation for tonight. My name is Hiroshi Yamamoto.

今夜の予約をしてあります。名前はヤマモト・ヒロシです。

Staff: Just a moment. Yes, can I see your passport, please?

少々お待ちください。パスポートを拝見できますか。

■ Dialogue 3

Guest: I'm in room 712. Please bring me a hamburger and coffee.

712 号室ですが。ハンバーガーとコーヒーをお願いします。

Staff: Thank you, sir. We will deliver your order in about 15 minutes.

ありがとうございますお客様。15 分ほどでお持ちいたします。

■ Dialogue 4

Guest: I'd like to extend my stay one more night, if possible.

できれば滞在を 1 日伸ばしたいのですけど。

Staff: Let me check the reservation book first. Sorry, no room is available.

予約帳を確認させてください。申し訳ありません、満室ですね。

■ Dialogue 5

Guest: Can you change my room? The traffic outside is too noisy.

部屋を変えてもらえますか。通りの音がうるさくて。

Staff: I'm sorry to hear that. Let me check and see what we can do.

それは申し訳ございません。何ができるかちょっと確認いたします。

» Lesson 78

道を尋ねる（Getting Directions）

ある「もの」がどこにあるか、などに関する対話です。

MP3
808

(1) 対話番号と、対話で話題になっているものを結びましょう。
ただし関係ないものが1つ含まれています。

■ Dialogue 1 ●

● バス乗り場

● 最寄りのスーパー

■ Dialogue 2 ●

● おすすめのレストラン

■ Dialogue 3 ●

● 今自分がいる場所

■ Dialogue 4 ●

● 列車を乗り換える駅

■ Dialogue 5 ●

● 「この」所番地

(2) それぞれの対話で話題になっている「もの」に関係する具体的な「場所」
はそれぞれ **(A)** 〜 **(E)** のどれですか。

(A) ウェスタン・アベニュー
(B) ボンド・ストリート駅
(C) あそこの角を曲がったところ
(D) メイン・ストリート
(E) この通りをずっと行ったところ

■ Dialogue 1：列車を乗り換える駅 （B）

A: Where should I change trains to get to Baker Street?

　ベイカー・ストリートに行くには、どこで乗り換えればいいですか。

B: Take the Central Line to Bond Street. From there, take the Jubilee Line.

　セントラル・ラインでボンド・ストリートまで行ってください。そこからジュビリー・ラインに乗り換えてください。

■ Dialogue 2：おすすめのレストラン （E）

A: Could you recommend a good restaurant around here for local cuisine?

　地元の料理が食べたいのですが、このあたりでいいレストランを推薦してもらえますか。

B: You should try the seafood restaurant at the end of this street.

　この通りをずっと行ったところのシーフードレストランは外せません。

■ Dialogue 3：最寄りのスーパー （A）

A: Are there any supermarkets within walking distance from here?

　ここから歩いて行けるスーパーはありますか。

B: I know one that is five blocks from here on Western Avenue.

　5ブロック先のウェスタン・アベニューに1つあります。

■ Dialogue 4：「この」所番地 （C）

A: I was wondering if you could help me find this address.

　すみませんが、この住所を見つけるのを手伝っていただけますか。

B: Let me see. I think it's just around the corner over there.

　え～と……これはそこの角を曲がったらすぐだと思いますよ。

■ Dialogue 5：今自分がいる場所 （D）

A: I'm afraid I'm lost. Could you show me where I am on this map, please?

　私は道に迷ったようで、今この地図でどこにいるか教えていただけますか。

B: Sure. You're right here on Main Street.

　はい。今ここ、メイン・ストリートにいますね。

出会い（Meeting）

出会いの場面での対話です。何と言って話しかけているか、聞き取ってみましょう。

■ **Dialogue 1：自己紹介する**

MP3 809

A: _____.

B: No, we haven't. Nice to meet you.

■ **Dialogue 2：久しぶりの友人と会う**

A: _____ . _____?

B: I've been all right. Thanks. I just got back from Mexico.

■ **Dialogue 3：商談の相手と会う**

A: _____, _____?

B: Yes, I am. So, you are Ms. Kawai from HiTech Security, aren't you?

■ **Dialogue 4：話すきっかけを作る**

A: _____, _____?

B: I don't think so, but it's nice to meet you.

■ **Dialogue 5：顔だけ覚えている相手と会う**

A: _____.

B: Yes, we met at the trade fair in Osaka. It's nice to see you again.

✔ トレーニングの解答と訳 ・・

■ Dialogue 1

A: I don't think we've been properly introduced yet.

まだちゃんと紹介していただいてないですよね。

B: No, we haven't. Nice to meet you.

そうですね。はじめまして。

■ Dialogue 2

A: It's been a long time. How have you been doing?

久しぶり。どうしてた？

B: I've been all right. Thanks. I just got back from Mexico.

まあまあかな。メキシコから帰ってきたばかりなんだ。

■ Dialogue 3

A: Excuse me, but aren't you Mr. Ford from MG Corporation?

失礼ですが、MG コーポレーションのフォードさんではありませんか。

B: Yes, I am. So, you are Ms. Kawai from HiTech Security, aren't you?

はい。では、あなたが HiTech セキュリティーのカワイさんですね。

■ Dialogue 4

A: I beg your pardon, but don't I know you from somewhere?

失礼ですが、以前どこかでお目にかかりましたか。

B: I don't think so, but it's nice to meet you.

いや、それはないと思いますけれども、こんにちは、はじめまして。

■ Dialogue 5

A: I'm sure we have met somewhere before.

以前どこかでお目にかかりましたよね。

B: Yes, we met at the trade fair in Osaka. It's nice to see you again.

はい、大阪の見本市で。またお会いできて光栄です。

うわさ話をする（Gossiping）

 さまざまな「うわさ」についての対話です。

---

(1) どのようなうわさなのか、対話番号とうわさの内容を結びましょう。 MP3 **810**
ただし、関係ないうわさが1つあります。

- 値上げがある

■ **Dialogue 1** ●

- 新製品が発売される

■ **Dialogue 2** ●

- 芸能人が離婚する

■ **Dialogue 3** ●

- リストラがある

■ **Dialogue 4** ●

- 会社が合併する

■ **Dialogue 5** ●

- 意外な男女が結婚する

(2) 話題になっているうわさを、「事実ではないだろう」と打ち消している対話が1つあります。それはどれですか。

▶ヒント ....

come out 出る、発売される／ consider 考える／ merger 合併／ work out
うまくいく／ restructuring リストラ

■ Dialogue 1： 意外な男女が結婚する

A: Can you believe Kaori is going to marry Ken?

カオリがケンと結婚するって信じられる？

B: No way! You must be kidding.

うそっ！　冗談でしょ。

■ Dialogue 2：新製品が発売される

A: Did you hear about the new smartphone that's coming out?

もうすぐ発売になる新しいスマホのこと、聞きましたか。

B: So soon? That means mine is already getting old!

もう出るの？　ということは僕のはもう古くなっちゃうじゃないか！

■ Dialogue 3：会社が合併する

A: I heard that our company is considering a merger with one of our rivals.

うちの会社、ライバル会社と合併を検討しているらしいって聞いたよ。

B: Really? I hope it will work out well.

本当に？　うまくいくといいな。

■ Dialogue 4：値上げがある

A: Word has it this hamburger chain is going to raise its prices.

うわさだと、このハンバーガーチェーンは値上げするらしいよ。

B: Ouch! I won't be able to afford it then.

あちゃー！　じゃあ、もうここで買えないわ。

■ Dialogue 5：リストラがある

A: Everyone is talking about a massive restructuring at our company.

うちの会社で大規模リストラがあるってみんな言っているね。

B: I also heard about it, but I think it's just a rumor.

私も聞いたけど、単なるうわさだと思うな。［打ち消し］

モノを買う（Buying Things）

さまざまな店での**ショッピング場面**の対話です。それぞれの
ポイントを聞き取りましょう。

MP3
811

■ Dialogue 1：セール品を買う

・セール中なのは何の製品か。

■ Dialogue 2：プレゼントを買う

・誰のためのプレゼントなのか。

・すすめられたのは何か。

■ Dialogue 3：店員に尋ねる

・話題になっているモノは何か。

・お客はこれからどこに行くのか。

■ Dialogue 4：価格の違うものを探す

・すすめられたものは何で、その値段はいくらか。

・お客はどう反応しているか。

■ Dialogue 5：店員に求める

・お客は何を要求しているのか。

・お客は何を提示する必要があるのか。

●ヒント ....

bargain 特価品／ fitting room 試着室／ microwave 電子レンジ／ scented
香りのついた／ refund 払い戻し

■ Dialogue 1

A: Excuse me. Is this microwave on sale?

すみません。この電子レンジはセールになっていますか。

B: I'm sorry it isn't. That one next to it is on sale, though.

あいにく違います。でも、それの隣のものがセール中ですよ。

■ Dialogue 2

A: I'm looking for a birthday present for a working mom. Any suggestions?

仕事を持っている母親に誕生プレゼントを探しているんですけど、何かいいものがありますか。

B: Well, how about scented candles or some beauty products?

そうですね、香りのついたキャンドルとか、何か美容製品はどうですか。

■ Dialogue 3

A: I like the blue jacket. Can I try it on?

ブルーのジャケットが気に入りました。試着していいですか。

B: Certainly, come with me, please. The fitting room is this way.

もちろんです。こちらにどうぞ。試着室はこちらになります。

■ Dialogue 4

A: This laptop is $510 with tax. It's a great bargain.

このノートパソコンは税込で510ドルです。掘り出し物ですよ。

B: It's still too expensive for me. Do you have any cheaper ones?

それでもまだ私には高すぎますね。もっと安いものはありますか。

■ Dialogue 5

A: I'd like to return this watch and get a refund, please.

この時計を返品して、返金をお願いしたいのですが。

B: OK. Please show me your receipt.

はい、ではレシートをお願いします。

Lesson 82

レストランで（At a Restaurant）

レストランでの食事の場面です。会話の内容を聞き取ってみましょう。

MP3
812

■ **Dialogue 1：おすすめを尋ねる**

A: What is _____ ?

B: Today, _____ roast beef _____ and _____ for $12.

■ **Dialogue 2：注文を聞かれる**

A: Are you _____ now?

B: Could we have _____ ? They all look so good.

■ **Dialogue 3：オプションを尋ねる**

A: Do you have _____ ?

B: The rice dish here _____ . Also, we have _____ .

■ **Dialogue 4：好みを伝える**

A: How do you _____ ?

B: I'd like _____ .

■ **Dialogue 5：料理を褒める**

A: This _____ . My compliments to the chef!

B: Thank you very much. I will _____ .

▶ヒント ......

compliments 賛辞／ sunny-side up 目玉焼き／ vegan ヴィーガン（卵も乳製品もとらない完全なベジタリアン）／ street vendors 屋台

264

✅ トレーニングの解答と訳 ·····················

■ Dialogue 1

A: What is today's special?

本日のおすすめは何ですか。

B: Today, we have roast beef with mashed potatoes and a side salad for $12.

今日は、マッシュポテトとサイドサラダ付きのローストビーフが12ドルです。

■ Dialogue 2

A: Are you ready to order now?

ご注文はお決まりですか。

B: Could we have a little more time to think? They all look so good.

もう少し考えさせてもらっていいですか。どれもおいしそうなので。

■ Dialogue 3

A: Do you have any vegetarian or vegan dishes on your menu?

メニューにベジタリアンかヴィーガンの料理はありますか。

B: The rice dish here has no meat or fish. Also, we have a variety of salads.

ここの米料理は肉も魚も使っていません。またサラダもいろいろございます。

■ Dialogue 4

A: How do you like your eggs and coffee?

卵とコーヒーは、どのように召し上がりますか。

B: I'd like my eggs sunny-side up and my coffee with milk.

卵は目玉焼きで、コーヒーはミルクをお願いします。

■ Dialogue 5

A: This stew was delicious. My compliments to the chef!

このシチューはおいしかったです。シェフにお伝えください。

B: Thank you very much. I will tell him you enjoyed it.

ありがとうございます。喜んでいただいたと申し伝えます。

教室で（In the Classroom）

 高校・大学での学生と教師、学生同士の対話です。それぞれのポイントを聞き取りましょう。

MP3
813

■ **Dialogue 1：先生に尋ねる**

・学生は何について質問しているのか。

・先生の回答はどのようなものか。

■ **Dialogue 2：テストについて**

・学生たちは何を心配しているのか。

・そのうちの1人は何を提案しているのか。

■ **Dialogue 3：反対意見を言う**

・何について意見が異なっているのか。

■ **Dialogue 4：先生に質問する**

・学生は何がわからなかったのか。

■ **Dialogue 5：図書館で**

・学生は何を希望しているのか。

・その希望はかなえられるのか。

✓ トレーニングの解答と訳 ···

■ Dialogue 1

A: How long does our writing assignment have to be?

ライティング課題の長さはどのくらいですか。

B: It should be somewhere between 2,500 and 4,000 words.

2,500 語から 4,000 語の間にしてください。

■ Dialogue 2

A: I'm a little worried about the English test next week.

来週の英語のテストが少し心配だよ。

B: Me too. Why don't we study together after school today?

私も。今日の放課後に一緒に勉強しましょうか。

■ Dialogue 3

A: Some people say global warming is not scientifically proven.

地球の温暖化は科学的に証明されていないと言う人もいるよ。

B: I'm sorry, but I completely disagree. A lot of evidence shows otherwise.

お言葉ですけど、まったく同意できません。実際に起こっているという証拠がたくさんあります。

■ Dialogue 4

A: Is there anything you need clarified?

何か不明なところはありますか。

B: I don't quite follow you. What exactly do you mean by "IoT" here?

ちょっとよくわからないのですけど。ここの「IoT」とは、正確にどんな意味で使っているのですか。

■ Dialogue 5

A: Is it possible to extend the due date for these books?

これらの本の返却期限を延長することは可能ですか。

B: Yes, you can since nobody is requesting them right now.

できますよ。今のところ、誰も借し出しの希望が出ていませんから。

>> Lesson 84

銀行で (At the Bank)

銀行の窓口での対話です。以下のポイントを聞き取りましょう。

MP3 814

■ **Dialogue 1：銀行口座を開く**

・何が必要なのか。

■ **Dialogue 2：別の通貨に両替する**

・この日の換算レートは1ドル何円か。

■ **Dialogue 3：小切手を現金化する**

・何をすることが求められているのか。

・さらに、どのようなものが必要とされているのか。

■ **Dialogue 4：カードが使えるか確認する**

・何が使えるのか。

■ **Dialogue 5：トラブルに対処する**

・どのようなトラブルなのか。

・どうすれば解決できるのか。

▶ヒント ....

checking account 当座預金口座／ exchange 両替する／ valid 有効な／
withdraw 引き出す／ PIN (=personal identification number) 暗証番号

✅ トレーニングの解答と訳 ·······················

■ Dialogue 1

A: What do I need to open a checking account?
当座預金口座を開くには何が必要ですか。

B: Your ID, proof of your address and a $25 deposit.
身分証明書、現住所を証明するもの、それに 25 ドルの預け金をお願いします。

■ Dialogue 2

A: I'd like to exchange US dollars for Japanese yen.
米ドルを日本円に交換したいのですが。

B: Today's rate is 103 yen to the dollar. Is that OK with you?
今日のレートは 103 円で 1 ドルです。それでよろしいですか。

■ Dialogue 3

A: I'd like to cash a check. What do I need to do?
小切手を現金にしたいのですが。どうしたらいいでしょうか。

B: Please sign the back of the check. I also need two valid IDs.
小切手の裏に署名をお願いします。また有効な身分証明書が 2 つ必要です。

■ Dialogue 4

A: Can I use an international credit card at this ATM?
この ATM では海外のクレジットカードは使えますか。

B: Major cards such as Visa, MasterCard and JCB will work.
大手のカード、例えば Visa や MasterCard、JCB なら使えます。

■ Dialogue 5

A: I'd like to withdraw some cash, but I forgot my PIN number.
現金を引き出したいのですけれど、暗証番号を忘れてしまいました。

B: If you can present two valid IDs, we can reset it.
有効な身分証明書を 2 種類提示していただければ、再設定が可能です。

会社で（In the Office）

会社でのさまざまな対話です。話しかけられた人がどう答えているか、聞き取ってみましょう。

MP3
815

■ **Dialogue 1：会議室の予約**

A: Could you book the meeting room from 10 to 11 next Wednesday?

B: _____ , _____ ?   _____ .

■ **Dialogue 2：プレゼン①**

A: Are you ready for the presentation tomorrow?

B: _____ . _____ ?

■ **Dialogue 3：プレゼン②**

A: Do you think you could help me brush up my presentation slides?

B: _____ . _____ .

■ **Dialogue 4：提出の期限**

A: I expect you to submit your project proposal no later than March 10.

B: _____ . _____ .

■ **Dialogue 5：転職面接**

A: Can you tell me a little bit about your work experience?

B: _____ , _____ .

▶ヒント ···

advertising agency 広告代理店

✅ トレーニングの解答と訳 ┈┈┈┈┈┈┈┈┈┈┈┈┈┈┈┈┈┈┈┈┈

■ Dialogue 1

A: Could you book the meeting room from 10 to 11 next Wednesday?
次の水曜日の 10 時から 11 時まで、会議室を予約していただけますか。

B: Oh, didn't you hear? The meeting was cancelled this morning.
おや、聞いていないのですか。そのミーティングは今朝中止になりました。

■ Dialogue 2

A: Are you ready for the presentation tomorrow?
明日のプレゼンは大丈夫？

B: I've never presented in English before. Can you give me some advice?
英語でプレゼンしたことないんです。何かアドバイスをもらえますか。

■ Dialogue 3

A: Do you think you could help me brush up my presentation slides?
プレゼンのスライドを改良したいんですけど、手伝ってもらえますか。

B: Of course. Send them to me anytime.
もちろんいいですよ。いつでも送ってください。

■ Dialogue 4

A: I expect you to submit your project proposal no later than March 10.
プロジェクトの提案は 3 月 10 日までに提出してくれると期待しています。

B: Please don't worry. I'm working on it right now.
ご心配なく。今ちょうど取りかかっているところです。

■ Dialogue 5

A: Can you tell me a little bit about your work experience?
今までの仕事の経験について、少し教えてもらえますか。

B: Yes, I worked at an advertising agency for five years after graduation.
はい、卒業してから 5 年間ある広告代理店で働きました。

デートに誘う（Asking Out）

 誰かが誰かを**デートに誘っ**たり、相手の予定を尋ねたりしています。

MP3
816

(1) 左の対話番号と、右のキーワードを結びましょう。
ただし、1つ関係のないキーワードがあります。

● 新しい服

■ **Dialogue 1** ●

● 皆でちょっと飲む

■ **Dialogue 2** ●

● あるイベントの見物

■ **Dialogue 3** ●

● ハイキングに行く

■ **Dialogue 4** ●

● 週末は母親を訪問

■ **Dialogue 5** ●

● レストランでの食事

(2) 相手の誘いを断っているケースが1つあります。どの対話ですか。

▶ヒント ⋯⋯⋯⋯⋯⋯⋯⋯⋯⋯⋯⋯⋯⋯⋯⋯⋯⋯⋯⋯⋯⋯⋯⋯⋯⋯⋯⋯⋯⋯⋯⋯⋯⋯⋯⋯⋯⋯

fireworks 花火

✅ トレーニングの解答と訳 ....

■ Dialogue 1：あるイベントの見物（に誘う）

A: Would you be interested in going to see the fireworks with us on Saturday?

土曜日に私たちと花火を見に行くというのはどう？

B: Sure. Where is it?

もちろん。どこであるの？

■ Dialogue 2：レストランでの食事

A: I was wondering if you'd like to have dinner at the new Italian restaurant.

あの新しくできたイタリアンレストランで夕食をご一緒するというのはいかがでしょうね。

B: Of course! I love Italian food.

はいぜひ。私、イタリアンは大好きなんです。

■ Dialogue 3：皆でちょっと飲む

A: Would you like to join us for a couple of drinks tonight?

今晩、一杯ご一緒にいかがですか。

B: I'd love to, but I have to prepare for a business trip tomorrow.

ぜひご一緒したいのですが、明日の出張の準備がありまして。［断りの表現］

■ Dialogue 4：週末は母親を訪問

A: What are your plans this weekend?

この週末のご予定は？

B: I am going to visit my mother on Saturday. It's her birthday.

土曜日に母を訪ねます。母の誕生日なので。

■ Dialogue 5：新しい服

A: How do you like this new dress?

このドレスどうかしら？

B: You look great in it! You have excellent fashion sense.

すごくすてきだよ！　君はファッションのセンスがいいね！

商談で (At a Business Meeting)

商談の**場面**での対話です。

どのような要望・説明・交渉がなされているのか聞き取り、
左の対話番号と右のキーワードを結びましょう。ただし該当しないキーワードが1つあります。

● クラウドサービスを勧める

■ Dialogue 1 ●

● 不良品を交換する

■ Dialogue 2 ●

● 価格交渉をする

■ Dialogue 3 ●

● 前の機種より軽量である

■ Dialogue 4 ●

● 納品時期を早める

■ Dialogue 5 ●

● 若者に支持されている

● ヒント ·······

deliver 配達する／ energy efficient エネルギー効率がよい／ feature 特徴
／ flexible 柔軟である／ previous 以前の

✅ トレーニングの解答と訳 ⋯⋯⋯⋯⋯⋯⋯⋯⋯⋯⋯⋯⋯⋯⋯⋯⋯⋯⋯⋯⋯⋯⋯

■ Dialogue 1： 若者に支持されている（から顧客にアピールする、と説明）

A: Why do you think this product will attract a lot of new customers?

この製品が多くの新規顧客にアピールすると、どうして思うのかね。

B: It's receiving great reviews from young people in their 20s.

20 代の若い人からのレビューが非常によいのです。

■ Dialogue 2：価格交渉をする

A: Could you be a little more flexible about the price?

価格について、もう少し柔軟に対応していただけますでしょうか。

B: Let me check with my boss about it.

上司に相談させてください。

■ Dialogue 3：前の機種より軽量である（と説明）

A: What is the main feature of your latest electric car?

こちらの最新の電気自動車の主な特徴は何ですか。

B: It is much lighter than the previous model, so it is incredibly energy efficient.

前のモデルよりもずっと軽量なので、エネルギー効率が信じられないほどいいのです。

■ Dialogue 4：クラウドサービスを勧める

A: If you are concerned about information security, our cloud service may be the answer.

情報セキュリティーに懸念がおありならば、当社のクラウドサービスがぴったりです。

B: I'd like to know more about it.

それについて、もっと詳しく教えてください。

■ Dialogue 5：納品時期を早める（よう要望）

A: I'd like you to deliver the item by next Monday if possible.

この品物を、可能だったら次の月曜までに届けていただきたいのです。

B: We'll do our best, but we might not be able to meet your request.

できる限りやってはみますが、ご期待に添えないかもしれません。

第6章

275

好き嫌いについて話す
(Talking about Likes and Dislikes)

 ものの「好み」についての対話です。空欄に入る語句を聞き取りましょう。

■ **Dialogue 1：食べ物の好み**

A: Are there _____ ?

B: I don't _____ because I
_____ .

■ **Dialogue 2：知的活動での好み**

A: When _____ , do you prefer _____ ?

B: I'd rather _____ because I _____ .

■ **Dialogue 3：住む場所の好み**

A: Which do you prefer, _____ or _____ ?

B: I ____ living in the countryside since _____ .

■ **Dialogue 4：健康維持活動の好み**

A: _____ do you like to play?

B: I love tennis. When I play it, _____ .

■ **Dialogue 5：余暇活動の好み**

A: What do you like to do _____ ?

B: I enjoy _____ .

★音声にも注目！

それぞれの対話で「N 音リンキング」（→ p. 36, 46, 56, 58）が起こっている箇所はどこか確認しましょう。

✅ トレーニングの解答と訳 ·····················

（四角で囲んだ文字がN音リンキングです。）

■ Dialogue 1 食べ物の好み

A: Are there any foods you avoid eating?

食べるのを避けている食品は何かありますか。

B: I don't eat anything with mayonnaise i n i t because I hate the taste of it.

マヨネーズが入っているものは何も食べないですね、味が嫌いなので。

■ Dialogue 2：知的活動での好み

A: When reading a book, do you prefer a printed book or a n e -book?

本を読むときは、紙の本がいいですか電子書籍がいいですか。

B: I'd rather read a n e -book because I can change the font size to my liking.

電子書籍の方がいいですね。フォントサイズが好みで変えられるので。

■ Dialogue 3：住む場所の好み

A: Which do you prefer, living i n a city or in the countryside?

都会で暮らすのと田舎で暮らすのと、どちらがいいですか。

B: I prefer living in the countryside since I want to feel close to nature.

田舎暮らしの方がいいですね。自然を身近に感じていたいので。

■ Dialogue 4：健康維持活動の好み

A: What kind of sports do you like to play?

どんなスポーツをするのが好きですか。

B: I love tennis. Whe n I play it, all my stress goes away.

テニスが大好きです。テニスをすると、ストレスがみな消えてしまいます。

■ Dialogue 5：余暇活動の好み

A: What do you like to do i n y our spare time?

時間があるとき、何をするのが好きですか。

B: I enjoy watching a good movie while eating my favorite snacks.

お気に入りのスナックを食べながら、おもしろい映画を見るのが好きです。

別れる（Parting）

　人と人が「別れる」場面の対話です。それぞれの対話のシチュエーションを聞き取り、**(A)** ～ **(E)** から選びましょう。

MP3
819

- **Dialogue 1 :（　　　）**

- **Dialogue 2 :（　　　）**

- **Dialogue 3 :（　　　）**

- **Dialogue 4 :（　　　）**

- **Dialogue 5 :（　　　）**

シチュエーション：
　(A) 日本を去る友人に空港で別れを言う
　(B) 転職する同僚の送別会で別れを言う
　(C) 残業する同僚に会社で別れを言う
　(D) 親しい友人と会食の終わりに別れを言う
　(E) 出張先でお世話になった人に別れを言う

★音声にも注目！

それぞれの対話で、「破裂しない閉鎖音」（→ p. 64）はどこに使われているか確認しましょう。

✅トレーニングの解答と訳 ·······

（四角で囲んだ文字が破裂しない閉鎖音です。）

■ Dialogue 1：（E）出張先でお世話になった人に別れを言う

A: I canno[t] thank you enough for all your kin[d]ness during my stay here.

こちらにいる間、本当によくしていただき、何とお礼をいったらよいか。

B: The pleasure is all mine. I was more than happy to have you here.

どういたしまして。来ていただいてとてもうれしかったです。

■ Dialogue 2：（D）親しい友人と会食の終わりに別れを言う

A: I'm sorry, but I've go[t] to go now. I have an early meeting tomorrow.

ごめん、もう行かないと。明日の朝早くミーティングがあるの。

B: OK. Let's ge[t] together again sometime soon.

わかった。またそのうち会おうね。

■ Dialogue 3：（B）転職する同僚の送別会で別れを言う

A: It's been a grea[t] pleasure working with you. Everyone will miss you.

お仕事をご一緒できて、本当に楽しかったです。みんなさびしがりますよ。

B: The pleasure is all mine. I wish you all the best in the future.

こちらこそ楽しかったです。みなさまの今後のご発展をお祈りします。

■ Dialogue 4：（A）日本を去る友人に空港で別れを言う

A: Let's keep in touch with each other after you go bac[k] to Australia.

オーストラリアに帰ってからも連絡とり合おうね。

B: Of course. I've got your email address now.

もちろん。メールアドレスがあるからね。

■ Dialogue 5：（C）残業する同僚に会社で別れを言う

A: It's almos[t] 7 p.m., so I'm off. How about you?

もう7時だから僕は帰るよ。君は？

B: Unfortunately, I nee[d] to work la[te] to finish this repor[t] by tomorrow.

残念ながら、残業してこの報告書を明日までに仕上げないと。

そしてこの後は

　お疲れさまでした！　本書のトレーニングを最後までやり抜かれたみなさんの努力に敬意を表します。これまでの 89 のレッスンで、みなさんの脳内に蓄えられている「英語はこう聞こえるはずだ」というイメージはずいぶん改善され、以前とは比べものにならないくらい、英語が一語一語よく聞こえることを実感されているのはないでしょうか。

▶次は自動化

　英語を聞き取るうえで必要なリンキングや音声変化の主な知識は、これでほぼ網羅されたと言えます。その蓄えた「知識」を**実際に使える「スキル」にするには、一にも二にも反復練習**です。「スキル化」の度合いがまだ足らないと感じたなら、本書のトレーニングをもう一度最初から行ってください。

「スキル化」の度合いは、「**自動化**」（automatization）の度合いと言い換えることもできます。自動化している知識とは、必要なときに間髪を入れず意識的な努力なしに活躍してくれる知識のことです。

　みなさんはおそらく自転車に乗るスキル、すなわち自転車のバランスをうまくとりながらペダルを漕いで前進するスキルは自動化しているでしょう。自動化しているからこそ、周囲の状況に気を配ったり、交通を気にしなくてよい状況ならば景色を楽しんだりすることも不可能ではありません。

　ですが、ほとんどの人は一輪車に乗るスキルは自動化してはいないでしょう。前後左右にバランスをとりながら進めばよい、という「知識」はあっても、それが無意識にでも働くスキルになっていないのです。ですから、なんとか乗れるようになったとしても、最初のうちは転ばないために全神経を使ってしまうので、一輪車を漕ぎながらほかのことを考えるのは不可能ですね。

　リスニングの話に戻ると、音声変化についての知識がスキル化し自動化すると、音声についての悩み（＝バランスのとり方・ペダルの漕ぎ方）は忘れて、**純粋に相手が言っていることの内容について考える**（＝周囲の状況に気を配り、景色を楽しむ）ことができるようになるのです。その段階まで到達するためには反復しかありません。**反復こそが自動化への道なのです。**

そして語彙とスキーマの拡充

　本書の例文の録音音声がすべて一言一句、悩まないでも「一瞬で」「自動的に」聞き取れるようになった段階で、みなさんの「リスニング力」は ある意味で完成です。つまり「はじめに」で書いたように、「知っている単語で構成された文ならば、すべて聞き取れる」という段階には到達したということです。

　しかし、もちろん「知らない単語」「聞いたことのない表現」は聞き取れません。音声として聞き取れたとしても意味を理解することはできません。耳で聞いて理解できる英語の範囲を広げるためには、**語彙を拡充し、イディオムを覚える**、という地道な努力がまだ必要です。そして語彙の拡充は、それらの語彙が関わる分野に関する**背景知識の拡充につながります**。私たちを取り巻く森羅万象に関するあらゆる知識は私たちの脳内にバラバラに記憶されているのではなく、トピックやテーマごとに体系的に整理されて格納されていると言われています。そのような背景知識のネットワークのことを「**スキーマ**」（schema）と呼びます。スキーマが拡充されれば、それだけ正確な**トップダウン処理**（→ p.106）が可能になります。リスニングのプロでもある同時通訳者は、会議通訳の前にはその会議の資料に出てくる専門用語リストと格闘することに膨大な時間を費やします。

　音声の壁を越えた後に待っているのは、やはり語彙とスキーマ、背景知識の拡充なのです。それが、みなさんがこれから目指すべき方向です。

リスニングと発音は一体的に

　最後にもう一度繰り返しておきますが、**リスニングと発音はコインの両面**です。語彙を増やそうとするときにはカタカナイメージではなく、最初から**本当の英語音声イメージを頭に入れる**よう気をつけてください。億劫がらずに発音・アクセントを正確に確認してから覚えましょう。急がば回れ、です。本書の姉妹書『日本語ネイティブが苦手な英語の音とリズムの作り方がいちばんよくわかる発音の教科書』も併せて読まれると、理解がさらに深まるかと思います。みなさんのリスニング力がさらに高まることを願っています。

著者

参考文献

本書の執筆に際しては主に以下の文献を参考にしました。

Avery, P. & Erhlich, S. (1992). *Teaching American English pronunciation.* Oxford University Press.

Field, J. (2008). *Listening in the language classroom.* Cambridge, UK: Cambridge University Press

Flowerdew, J. & Miller, L. (2005). *Second language listening: Theory and practice.* New York: Cambridge University Press.

Grant L. with D. M. Brinton, T. Derwing and M. J. Munro, J. Field, J. Gilbert, J. Murphy, R. Thomson, B. Zielinski and L. Yates (2014). *Pronunciation myths: Applying second language research to classroom teaching.* Ann Arbor, MI: University of Michigan Press.

Jenkins, J. (2000). *The phonology of English as an international language.* Oxford University Press

Ladefoged, P. & Johnson, K. (2011). *A course in phonetics* (6th ed.). Boston, MA: Cengage Learning.

Rost, M. (2011). *Teaching and researching listening* (2nd ed.). Harlow, UK: Pearson Education Limited.

垣田直巳・吉田一衞 (1984).『英語のリスニング』(大修館書店).

鈴木寿一・門田修平 (2018).『英語リスニング指導ハンドブック』(大修館書店).

武井昭江 (2002).『英語リスニング論—聞く力と指導を科学する』(河源社).

竹林滋・斎藤弘子 (1998).『改訂新版 英語音声学入門』(大修館書店).

竹蓋幸生 (1984).『ヒアリングの行動科学：実践的指導と評価への道標』(研究社).

東後勝明 (監修)・御園和夫 (編) (2009).『必携 英語発音指導マニュアル』(北星堂).

［著者紹介］

靜 哲人（しずか・てつひと）

1960 年生まれ。東京外国語大学外国語学部英米語学科卒業。コロンビア大学
ティーチャーズカレッジより英語教授法の修士号（MA in TESOL）、レディ
ング大学より博士号（Ph.D.）取得。関西大学教授、埼玉大学教授を経て、現
在大東文化大学外国語学部教授。専門は英語授業実践学、特に発音指導法。英
語の先生向けの実践的トレーニング研修・講演会・ワークショップの経験が豊
富。『日本語ネイティブが苦手な英語の音とリズムの作り方がいちばんよくわ
かる発音の教科書』（テイエス企画）、『英語授業の心・技・体』『英語授業の大
技・小技』（研究社）、『絶対発音力』（ジャパンタイムズ）、『ENGLISH あいう
えお』（文藝春秋）、『英語テスト作成の達人マニュアル』（大修館書店）など、
英語の授業方法関係、発音指導方法関係の著書・論文多数。

編集：小宮徹
デザイン・DTP：齋藤友貴、戸塚みゆき（Isshiki）
イラスト：飯山和哉
録音・音声編集：ELEC 録音スタジオ
ナレーター：Neil Demaere ／ Rachel Walzer

日本語ネイティブが苦手な英語の音とリズムの
聞き方がいちばんよくわかる
リスニングの教科書

発行：2020 年 7 月 20 日　第 1 刷

著者　　　：靜哲人
発行者　　：山内哲夫
企画・編集：トフルゼミナール英語教育研究所
発行所　　：テイエス企画株式会社
　　　　　　〒 169-0075
　　　　　　東京都新宿区高田馬場 1-30-5 千寿ビル 6F
　　　　　　TEL　（03）3207-7590
　　　　　　E-mail　books@tsnet.co.jp
　　　　　　URL　https://www.tofl.jp/books
印刷・製本：図書印刷株式会社